Kleine Reihe · Geschichte · Didaktik und Methodik

Herausgegeben von Bernward Debus, Saskia Handro
und Christoph Kühberger

Vadim Oswalt

Planung von Unterrichtseinheiten

Wie man Geschichte (an)ordnen kann

WOCHEN
SCHAU
VERLAG

Bibliografische Information der Deutschen Nationalbibliothek

Die Deutsche Nationalbibliothek verzeichnet diese Publikation in der Deutschen Nationalbibliografie; detaillierte bibliografische Daten sind im Internet über http://dnb.d-nb.de abrufbar.

www.wochenschau-verlag.de

Titelgestaltung: Ohl Design
Umschlagbild: © fotolia: Kaesler Media
Gesamtherstellung: Wochenschau Verlag
ISBN 978-3-7344-0239-5 (Buch)
ISBN 978-3-7344-0240-1 (E-Book)

Inhalt

Einleitung

Die Unterrichtsvorbereitung im Fach Geschichte dürfte von allen Fächern die aufwändigste sein. Kaum ein anderes Fach weist eine so ungeheure Vielfalt möglicher Inhalte bei der Gestaltung seiner Themen auf. Verantwortlich hierfür sind die unglaublich vielgestaltigen Varianten historischen Denkens, die nicht nur bei kontroversen Geschichtsdeutungen eine Rolle spielen, sondern auch übereinstimmende Erkenntnisse auf sehr unterschiedlichen Wegen hervorbringen können. Das Fach Geschichte, das durch die Faktizität seiner Gegenstände scheinbar Sicherheit vermittelt, ist bei genauerem Hinsehen zutiefst vieldeutig.

Der vorliegende Band betrachtet die Unterrichtsplanung im Fach Geschichte vor allem unter der Perspektive der Planung von Unterrichtseinheiten und ihrer Teile. Dies bedarf der Begründung. Versteht man den Geschichtsunterricht als ein Laboratorium, das historisches Denken hervorbringen soll, dann kommt der Planung von Unterrichtseinheiten eine zentrale Bedeutung zu. In ihnen werden historische Gegenstände zu Themen gruppiert und Erkenntniswege historischen Denkens ermöglicht.

Die wenigen Artikel, die es zur Unterrichtsvorbereitung im Fach Geschichte gibt, betonen dementsprechend die Bedeutung der Planung einer Unterrichtseinheit, um dann allerdings ihre Überlegungen auf die Vorbereitung einzelner Unterrichtsstunden zu konzentrieren. (Zwölfer 2003; Dörr 1995) Die Strukturierungsmodelle von Lehrplaneinheiten, wie sie Hans Süßmuth oder Annette Kuhn in den siebziger Jahren entworfen haben, gehen von sehr spezifischen fachdidaktischen Ansätzen aus. Ihre Modelle werden noch einmal aufgegriffen. Dabei wird deutlich, dass es inzwischen einer weiterführenden Diskussion ihrer Annahmen bedarf. (von Borries 2012; Pandel 2013: 361 ff.) Fachleiter und Ausbilder im Fach Geschichte, mit denen auch über die Konzeption dieses Bandes diskutiert wurde, haben für ihre Praktikanten und Referendare eigenständige Wege gesucht. Die Planung von Einheiten als Kern der Unterrichtsvorbereitung führt in der geschichtsdidaktischen Literatur also eher ein „Mauerblümchen-Dasein". Stundenorganisation und -ziele standen und stehen im Zentrum der ohnehin nicht sehr stattlichen Zahl fachspezifischer Publikationen zur Unterrichtsplanung. Der Mangel an Konzepten in diesem Bereich wurde wohl auch deshalb nicht bemerkt, weil Lehrer seit dem in den siebziger Jahren erfolgten Übergang von Stoffplänen zu Curricula mit einer sehr ausführlichen didaktischen Begründung und Strukturierung der Themeneinheiten in ihren Lehrplänen rechnen konnten (auch wenn die Lehrplanpraxis nie wirklich der Curriculumtheorie entsprochen hat). Umbrüche und Veränderungen machen es allerdings in verstärktem Maße notwendig, dass sich Lehrer verstärkt mit der Konstruktion von Lehrplaneinheiten auseinandersetzen und „curriculare Kompetenz" (Pandel) entwickeln: Die Ausdünnung des chronologischen Durchgangs hat die universalhistorische Einbettung aufgelöst. Es fehlt weitgehend ein „roter Faden" im Kursus historischen Lernens. Die kompetenzbasierten Lehrpläne sind zum Teil in ihren inhaltlichen Teilen Stoffpläne, die die didaktische Modellierung des Gegenstands unterlässt. Da viele Teile des Lehrplans inzwischen fakultativ sind oder für die Sekundarstufe I sogar von den Schulen im Rahmen der Schulcurricula entwickelt werden sollen, wird auch hierfür curriculare Kompetenz benötigt. Zu denken ist auch an die wachsende Diversität der Schüler, die eine intensivere Passung der Inhalte und Methoden notwendig macht.

Das Buch behandelt dieses Thema in mehreren Schritten:

Im *ersten Kapitel* wird die Frage nach den Modellen gestellt, die bisher in der Geschichtsdidaktik zur Planung von Unterrichtsreihen entwickelt worden sind, wobei begründet wird, dass ihre Funktion noch wesentlich breiter reflektiert und gewürdigt werden sollte.

Im *zweiten Kapitel* geht es um *analytische* Perspektiven der Planung, die an den Eckpunkten Lehrplan, Geschichtskultur und Schülerperspektiven beschrieben werden. Gerade im

Hinblick auf Lehrpläne, Curricula oder Bildungsstandards wird dabei deutlich, dass ihre Gestaltung kohärentes didaktisches Planungshandeln im Moment oftmals eher erschwert als erleichtert.

Eine Brücke zu den konstruktiven Aspekten der Reihenplanung bildet im *dritten Kapitel* ein Modell zur Typologisierung von Unterrichtsstunden, das sich an spezifischen Formen historischer Darstellung und Erkenntniswegen orientiert. Schließlich folgt ein Teil, der exemplarische Planungsbeispiele zur Französischen Revolution präsentiert.

Intendiert ist nicht die Vermittlung der „richtigen" Rezeptur, die es nicht geben kann, sondern es geht vielmehr darum, notwendige Überlegungen bei der Konzeption von Lehrplaneinheiten zu beschreiben und zu konkretisieren, um dann zu zeigen, welche weiterführenden Konsequenzen sich aus diesen Entscheidungen ergeben, um einen einmal eingeschlagenen Weg stringent weiter und zu Ende zu führen.

Gedacht ist der Band primär für die Ausbildung. Die Konzeption geht davon aus, dass Lehrplaneinheiten in ihren Teilen nach den Operationen historischen Denkens organisiert sind. Insofern geht es nicht um Methoden der Unterrichtsgestaltung, sondern einzig und allein um die inhaltliche Gliederung des Gegenstands, die sowohl als Ausgangspunkt als auch als Dreh- und Angelpunkt jeder Unterrichtsplanung gesehen wird.

Er richtet sich auch an Praktikanten und Referendare sowie Lehrer in den ersten Berufsjahren, die in der Regel ihr Repertoire verbreitern, eine weithin unterschätzte Phase der beruflichen Formierung. Deshalb orientieren sich die folgenden Überlegungen an den Anforderungen der Alltagspraxis, also einem Unterricht, der unter der Normalbelastung eines Lehrers von bis zu 28 Stunden oder mehr bewältigt werden muss.

Für ihre wertvollen Hinweise möchte ich Kerstin Arnold und Hans Woidt danken.

1. Die Bedeutung der Planung von Unterrichtseinheiten

1.1 Planung von Unterrichtseinheiten im Spannungsfeld von allgemeindidaktischen Modellen und fachspezifischen Interessen

Immer wieder wird im Hinblick auf Unterrichtsplanung die Lücke, die zwischen Fachdidaktik und der allgemeinen Methodik der Schulpädagogik klafft, in der Geschichtsdidaktik bedauert. Während Konzeptionen historischen Lernens durch die Geschichtsdidaktik formuliert werden, übernehmen fachunspezifische allgemeinmethodische Modelle das Zepter, wenn es um die Vorbereitung von Geschichtsunterricht geht. (Pandel 2013: 376; von Borries 2012) Das lehrtheoretische Modell von Paul Heimann (1965) und seine Weiterentwicklung durch Wolfgang Schulz im so genannten Hamburger Modell (1980) und das bildungstheoretische Modell Wolfgang Klafkis (1958), die sich in vielem angenähert haben, dürften gemeinsam mit dem Leitfaden zur Unterrichtsvorbereitung von Hilbert Meyer (1980) den überwiegenden Teil der Konzepte in den Studienseminaren zur Ausbildung beisteuern. Auch die inzwischen in reicher Zahl vorhandenen Ratgeber zum Schulpraktikum folgen diesen Modellen. (z. B. Kretschmer 1998, Meyer 2014) Dies bedeutet zum einen für Lehrer bzw. die Referendare in der Ausbildung eine Erleichterung, da das gleiche Modell für unterschiedliche Fächer angewandt werden kann. Für die Initiierung fachspezifischer Lernprozesse bedeutet es hingegen einen deutlichen Nachteil, wenn es gerade an dieser sehr entscheidenden Nahtstelle an einer Umsetzung von fachlichen Gesichtspunkten mangelt. In dieser Hinsicht ist auch die Klage über die Nutzung fachunspezifischer Methoden im historischen Lernen nur eine letzte Konsequenz in einer längeren Kette, setzt doch im Prozess der Unterrichtsvorbereitung oftmals ein Verlust an Fachlichkeit bereits bei der didaktischen Modellierung der Unterrichtsthemen ein. Das Überlassen dieses Feldes an die Schulpädagogik hat zur Folge, dass bestimmte Aspekte des Planungsprozesses wie die Planung von Unterrichtseinheiten in geschichtsdidaktischen Arbeiten mit kaum mehr als dem Hinweis versehen werden, dass etwa Reihenplanung eine große Bedeutung zuzuschreiben sei.

Dieses Büchlein geht davon aus, dass es sich hierbei nicht um einen Naturzustand handelt, sondern dass es vielmehr darauf ankommt, Konzeptionen zu entwickeln, die den Planungsprozess von Unterricht an entscheidenden Punkten fachmethodisch steuern. Deshalb folgt zunächst ein Überblick über Ansätze zur Planung von Unterrichtseinheiten in der Geschichtsdidaktik, um von daher zu begründen, warum in diesem Band in der Planung von Unterrichtseinheiten – also in der mittleren Planungsebene – ein besonderer Hebel zur Stärkung von Fachlichkeit gesehen wird.

1.2 Geschichtsdidaktische Modelle zur Planung von Unterrichtsreihen im Fach Geschichte

Sucht man Modelle zur Planung von Unterrichtseinheiten, muss man bis auf die siebziger Jahre des 20. Jahrhunderts zurückgehen. Sie wurden aus unterschiedlichen fachwissenschaftlichen, geschichtsdidaktischen und lerntheoretischen Annahmen gespeist. Hans Süssmuth, em. Professor für Neuere Geschichte und Didaktik der Geschichte an der Universität Bonn, ging von der in den 1970er Jahren populären Struktur- und Gesellschaftsgeschichte aus, deren Vorteile er sowohl durch die kognitive Lerntheorie des amerikanischen Psychologen Jerome Bruners (geb. 1915) als auch durch zentrale Forderungen der Geschichtsdidaktik nach multiperspektivischen Betrachtungsweisen begründete. Unterrichtseinheiten konzipierte er demnach anhand von drei Verfahren, die „die Stufen des strukturerschließenden Verfahrens", „des strukturvergleichenden Verfahrens" und der „epochal- und kulturübergreifende[n] Strukturanalyse" (Süssmuth 1973: 70) einschloss. Aufgrund seines starken Bezugs auf Geschichte als „Historische Sozialwissenschaft" sah er im strukturierenden Verfahren sowohl die Einbettung exemplarischer Elemente der Geschichte (Süssmuth 1973: 68), des Besonderen im Allgemeinen als auch ihre Kontextualisierung im makrohistorischen Rahmen (Süssmuth 1973: 83) sichergestellt.

Annette Kuhn, em. Professorin für Mittelalterliche und Neuere Geschichte und ihre Didaktik an der Universität Bonn, sah demgegenüber Brücken zwischen der lerntheoretischen Didaktik und der kritisch-kommunikativen Didaktik, indem sie den Begriff der „Prozessplanung" von Wolfgang Schulz übernahm und die „Bedingungsanalyse" auf die „Grundlage für die Transformation der unbewussten Schüler(innen)interessen in eine historische Bewußtheit" bezog (Kuhn 1997) *(Analyse gesellschaftlicher Bedingtheit historischen Lernens).* Dieser verfahrensorientierte Zugang, dessen Ziel „Ideologiekritik" und im Ablauf stark an die Historische Methode angelehnt war, vermied bewusst inhaltlich-strukturierende Musterbildungen, da sie eine vorwiegend am Inhalt orientierte Planung als „theorielos" an der bildungstheoretischen Tradition orientiert ablehnte.

Gerade die Frage nach einer fachspezifischen Füllung der Bedingungsanalyse beschäftigte auch andere Autoren: Ernst Jeismann verstand darunter die Analyse des öffentlichen Geschichtsbewusstseins. (Jeismann 1978) Eine entsprechende Systematisierung der Bedingungsanalyse mit geschichtsdidaktischer Aufladung nahm auch Bernd Schönemann vor. (Schönemann 1998)

Insgesamt bieten die bisher diskutierten Modelle wichtige Anregungen, aber kaum außerhalb ihrer sehr spezifischen konzeptionellen Ausrichtung Wege, wie die Strukturierung thematischer Einheiten konzipiert werden kann. Der Ansatz von Hans Süßmuth war stark an eine historiographische Schule gebunden und darüber hinaus in einer Reihenplanung von ca. 30 Stunden kaum im normalen Geschichtsunterricht zu realisieren. Ähnlich wie Peter Gautschi schlägt Bodo von Borries die „Planung aufgabenbasierter komplexer Lernwege" (von Borries 2012: 197) vor, da er in der Qualität der Aufgaben einen Schlüssel zur Gestaltung guten Geschichtsunterrichts sieht. Dieser Vorschlag bietet einerseits größtmögliche Offenheit der Gestaltung an, andererseits aber keinen inhaltlich strukturierten Zugang zur Planung von Unterrichtseinheiten.

1.3 Die zentrale Bedeutung der mittleren Planungsebene

Aufgrund der schmalen Ausbeute an Konzepten bedarf die Frage, warum die Planung von Unterrichtseinheiten eine so zentrale Funktion hat, der Begründung.

Da es also um ein Thema geht, das seit den siebziger Jahren nur geringe Beachtung gefunden hat, soll deutlich werden, warum eine intensive Berücksichtigung der Planung von Unterrichtseinheiten so dringend erforderlich scheint und hier als Hebel angesehen wird, genau jene Logiken zum Tragen zu bringen, die Unterrichtsplanung stärker in fachspezifischen Modi verankern.

Hans Jürgen-Pandel versteht unter Unterrichtseinheiten einen „thematischen Zusammenhang mehrerer Unterrichtsstunden", der darauf abzielt, „klar abgegrenzte und klar erkennbare Einheiten für das Bewusstsein der Schüler entstehen" zu lassen. Für Schüler soll erkennbar werden, dass solche Einheiten „durch Problem- und Fragestellungen" gebildet werden. (Pandel 2013: 376) Für die Schulpädagogik definiert Hilbert Meyer: „Ein Kurs, eine Unterrichtseinheit, eine Lektion bezeichnet eine thematisch abgeschlossene, methodisch eher lehrgangsförmig als offen organisierte Großform." (Meyer 1987: 114) Oftmals werden unterschiedliche Begriffe wie Unterrichtseinheit, Unterrichtsreihe oder Unterrichtssequenz synonym verwendet, wobei unter Unterrichtssequenz auch teilweise ein Teilschritt im Unterricht verstanden wird.

Sieht man es als das zentrale Anliegen des Geschichtsunterrichts an, historisches Denken zu vermitteln, dann kommt der Planung von Unterrichtseinheiten eine zentrale Bedeutung zu. In Unterrichtseinheiten werden historische Gegenstände zu Themen gruppiert und Erkenntniswege historischen Denkens geöffnet. Dass gerade dieser Planungsebene im historischen Lernen eine so große Bedeutung zukommt, beruht also vor allem auf den folgenden Punkten:

Bedeutung der Planung von Unterrichtseinheiten

1. Historisches Lernen vollzieht sich in Unterrichtssequenzen, die als Grundeinheiten historischer Konstruktion verstanden werden müssen, deren äußere und innere Logik eine starke Wirkung auf den Lernprozess haben.
2. Unterrichtseinheiten werden an einer entscheidenden Nahtstelle entwickelt, die die staatlich normierenden Vorgaben aufgreift und im Kontext einer Fülle weiterer Überlegungen einen kohärenten Lernweg formt. Sie sind von daher an der Stelle angesiedelt, an der Standardisierung und Heterogenität im Bildungsprozess in Balance gebracht werden. (Oswalt 2009) Dieser Prozess ist konstruktiv und keinesfalls im Sinne einer reinen Umsetzung zu verstehen.
3. *Reihenplanung* besitzt einen analytischen und einen konstruktiven Aspekt. Analytisch berücksichtigt sie zentrale Eckpunkte (Lehrplan, Geschichtskultur, Schülerperspektiven) und überführt diese dann in einem konstruktiven Prozess in eine eigenständige Struktur historischer Untersuchung und Betrachtung.
4. Primär für Unterrichtseinheiten ist die thematisch-inhaltliche Modellierung, die jeder methodischen Strukturierung vorgeordnet wird.
5. Die Stunden einer Unterrichtseinheit sind durch jeweils unterschiedliche Strukturierungskonzepte von Geschichte gekennzeichnet, die sich komplementär zueinander verhalten.
6. Unterrichtseinheiten setzen historische Phänomene in ein Verhältnis und zielen so auf Muster narrativer Sinnbildung.
7. Unterrichtseinheiten werden durch die historische Frage konstituiert, der den historischen Gegenstand erst entstehen lässt.
8. Unterrichtssequenzen im historischen Lernen liegt eine Annahme von Relevanz zu Grunde, die die Lernwürdig-

keit des Gegenstands im Horizont der gegenwärtigen Gesellschaft postuliert und deshalb begründen sollte.

9. Unterrichtseinheiten stehen nicht unverbunden nebeneinander, sondern sollten Bezüge zu Vorangegangenem und evtl. Kommendem herstellen. Sie besitzen vielfache Querbezüge zu anderen Themen und Einheiten.

Die oben genannten Teilaspekte lassen sich nicht trennen und hierarchisieren, auch wenn natürlich der Fragehorizont der Gegenwart einen äußerst gewichtigen Ausgangspunkt für die Konzeption einer Unterrichtseinheit darstellt. Sie bilden gleichzeitig auch qualitative Kriterien zur Beurteilung von Unterrichtseinheiten.

2. Ausgangspunkte der Planung von Unterrichtseinheiten im Dreieck von Lehrplan, Geschichtskultur und Schülerperspektiven

2.1 Die Umsetzung von Bildungsplänen: Aktive Konstruktion statt Erfüllungsstruktur?

Oft sehen Lehrerinnen und Lehrer an den Lehrplänen vor allem die Fülle an Themen, sie fühlen sich durch die Inhaltsdichte der Lehrpläne im zeitlichen Rahmen ihres Unterrichts überfordert und reduzieren folglich ihre Auseinandersetzung mit den Lehrplanvorgaben auf diesen Punkt. Wünschenswert ist hingegen ein Umgang mit Lehrplänen, der zunächst von einer Analyse der *quantitativen* und *qualitativen* Entscheidungen, die einem Curriculum zu Grunde liegen, ausgeht und gleichzeitig den Prozess hin zur Gestaltung eigener Unterrichtseinheiten als konstruktiven, auch kreativen Gestaltungsprozess versteht. Dieser sollte zu Resultaten führen, die alles andere als eine reine Lehrplanerfüllungsstruktur darstellen.

So beginnt die eigene Reihenplanung bereits mit der Ausdeutung der Titel der im Lehrplan aufgeführten Unterrichtseinheiten und ihrer Gruppierung von historischen Ereignissen. Wie die meisten Unterrichtseinheiten sind die Lehrplaneinheiten in der Mittelstufe meist nach sogenannten *Epochensequenzen* gegliedert. Sie sind in einer Mischung aus dem Ablauf der Geschichte und unterschiedlichen systematischen Aspekten zusammengesetzt. Den Rahmen bildet die Illusion einer Gesamtdarstellung der Geschichte, die versucht, einen historischen Zusammenhang in seiner Totalität zu erfassen und unterschiedliche Teilaspekte (Wirtschaft, Politik, Kultur etc.) zu einem Gesamtbild einer Epoche zusammenzufügen. Pandel 2006: 156f.; Rohlfes/Jeismann 1974: 124) Die implizite Voraussetzung bildet eine Vorstellung einer teleologischen Ordnung der Geschichte mit einem linearen Verlauf. Die behandelte Epoche oder Ereignisse besitzen ein Davor und Danach, das sich sinnhaft verknüpfen und in einen genetischen Zusammenhang bringen lässt, der bis in die Gegenwart reicht. Die Diskussionen, wie weit Dinge in ihrer Entwicklung zurückverfolgt werden sollten, legen ein beredtes Beispiel dieses Verständnisses ab. Längsschnittthemen sind hingegen in der Mittelstufe nur zu einem sehr geringen Grad vertreten und nehmen dann in der gymnasialen Oberstufe zu, um bestimmte Themen neu zu perspektivieren und zu vertiefen.

Die zunehmende Heterogenität der Lehrpläne in ihrer formalen Gestaltung und der Art und Ausführlichkeit ihrer inhaltlichen Vorgaben macht die Planungsaufgabe nicht einfacher. Folgende Punkte sind dabei besonders auffällig:

– Bereits die Frage, wie Reihentitel formuliert werden, differiert zwischen den Lehrplänen erheblich: Manchmal gibt es eine reine Nennung des Gegenstands („Französische Revolution") oder Epocheneinordnungen („Zeitalter der bürgerlichen Revolutionen") oder einen interpretativen Aspekt. Die meisten Reihentitel sind, so wie sie im Lehrplan stehen, als Reihentitel für den Unterricht kaum zu gebrauchen und bedürfen der Um- oder Neuformulierung, damit sie aussagekräftiger oder auch interessant oder motivierend für Schüler wirken.

Reine Stoffformulierungen sind dabei zu vermeiden. Der Reihentitel bedarf zudem der intensiven Erschließung: Wird der Begriff „Bürgerliche Gesellschaft" zum Kern der Epochencharakteristik, bedarf er der expliziten Erläuterung während der Behandlung des Themas.

Bei der Erschließung der unter einer Unterrichtseinheit zusammengeführten Inhalte ergeben sich folgende Schwierigkeiten:

- Die Kompetenzorientierung hat den inhaltlichen Planungsprozess für Lehrer nicht immer vereinfacht. So finden sich inhaltliche Vorgaben oft sowohl in den Kerncurricula als auch in den einzelnen Teilkompetenzen, was die Übersicht erschwert und wahrscheinlich am Ende eher die Leitfunktion des Schulbuchs verstärkt. Die Zusammenstellung inhaltlicher Vorgaben gleicht dort eher einem Puzzlespiel.
- Die Differenzen in der Ausführlichkeit der Angaben in den einzelnen Lehrplänen bilden einen sehr unterschiedlichen Ausgangspunkt: Bei dem Beispielthema „Französische Revolution“ reicht das Spektrum von der mehr oder weniger reinen Nennung des Themas bis hin zu einer zweiseitigen Auflistung detaillierter Teilaspekte (Gymnasium *Saarland*).

Auch die Art der Angaben differiert zwischen den Lehrplänen der einzelnen Bundesländer erheblich. Möglich sind folgende Varianten:

Varianten der Angaben in den Lehrplänen

- Dezidierte Vorschläge für Leitfragen (z. B. Gymnasium Hamburg);
- Didaktischer Kommentar zum Bedeutungsgehalt des Themas;
- die Formulierung von zu erwerbenden Kompetenzen;
- Hinweise zu fächerverbindenden Aspekten des Themas (z. B. Thüringen);
- Hinweise zur Vermittlung methodischer Verfahren z. B. zur Quelleninterpretation;
- Hinweise, was der Lehrer nicht tun sollte (z. B. Oberstufe Bayern).
- Eine *Auflistung von Pflicht- und Wahlthemen* in zwei Spalten – früher eine gängige Anordnung – findet sich inzwischen noch sehr vereinzelt in den Lehrplänen. Ebenso gibt es kaum noch didaktische Kommentare zu den Themen.

Geht man von den sehr unterschiedlichen Hinweisen aus, dann zeigt sich, wie schwierig es ist, die Aspekte des Lehrplans zu analysieren. Man sollte folglich bei der Betrachtung der folgenden Aspekte bei der Prüfung der Inhalte dort, wo diese unzureichend erscheinen, entsprechende Ergänzungen vornehmen:

Aspekte zur Prüfung der Inhalte in den Lehrplänen

1. Welche *Deutungshinsichten und Problemhorizonte* werden vom Lehrplan genannt? Wie weiter oben ausgeführt, enthalten manche Lehrpläne hierzu so gut wie keine Hinweise.
2. *Kontext und Narrationen* – Welche Epochenkontexte oder umfassende Narrationen mit welchem „Subjekt" (Nationen, Zivilisationen etc.) sind leitend für den Zusammenhang, in den ein Thema historisch eingebettet ist? Eine Lehrplaneinheit, die z. B. nur „Französische Revolution" heißt, macht einen solchen Zusammenhang eventuell nicht explizit.
3. *Wahrnehmungsdimensionen* – Welche sektoralen Blickwinkel oder auch Wahrnehmungsdimensionen strukturieren das Thema? Neben der Dominanz der politischen Geschichte nehmen sich oftmals Aspekte der Geschlechtergeschichte, Sozial- und Alltagsgeschichte, Kulturgeschichte, Umweltgeschichte etc. eher als Einsprengsel aus. Gerade etwa bei der Geschlechtergeschichte erscheinen sie oftmals sehr unvermittelt in den Lehrplaneinheiten. Auch hier können Überlegungen angestellt werden, wie die „Politiklastigkeit" der Lehrpläne durch andere Perspektiven relativiert werden kann.
4. *Raumdimensionen* – Welche Raumbezüge werden gefordert oder empfohlen – von globalgeschichtlichen, europäischen, nationalen bis hin zu regionalgeschichtlichen Aspekten? Die eigene Behandlung des Themas muss sich nicht auf die im Lehrplan genannten Raumbezüge beschränken. Denkbar sind globalgeschichtliche Dimensionen, die berücksichtigt werden können, auch wenn sie nicht im Lehrplan genannt werden oder die Integration regionalgeschichtlicher Bezüge der Ortsgeschichte, wenn sich Schwerpunktsetzungen bzw. Fallbeispiele aufdrängen oder etwa die Partnerstadt des Schulortes einen Bezug zum Thema besitzt usw.
5. *Fallbeispiele* – Welche Vorschläge zur Profilierung des Themas durch Fallbeispiele enthält der Lehrplan, zu Persönlichkeiten, Teilereignissen etc.? Sind die Nennungen kohärent mit anderen inhaltlichen Vorgaben?

2.2 Die Anwesenheit der Vergangenheit in der Gegenwart

Lehrpläne werden zu einem bestimmten Zeitpunkt publiziert. Den Moment, in dem nach ihnen unterrichtet wird, können sie nicht antizipieren. Geschichtsunterricht findet wie historisches Denken generell auf einem Zeitkontinuum eines stetig wandernden Gegenwartspunktes statt, aus dem heraus das Verhältnis zur Vergangenheit genauso wie die Zukunftserwartung von Zeit zu Zeit neu bestimmt werden muss. Um diesem Umstand gerecht zu werden und seiner grundlegenden Orientierungsfunktion zu entsprechen, müssen der Geschichtsunterricht und damit auch die Reihenplanung immer wieder neu auf die Entwicklung gesellschaftlicher Erinnerung reagieren. Diese ist in demokratischen Gesellschaften plural, oftmals kontrovers oder auch ambivalent. Die Medien, die solche Veränderungen anzeigen, sind vielfältig: Geschichtskulturelle Manifestationen, publizistische Reflexionen über das Verhältnis von Gegenwartsentwicklungen und Vergangenheit, durch Jubiläen angestoßene Formen der Erinnerung an bestimmte Ereignisse oder auch Neuakzentuierungen in historiographischen Darstellungen der Geschichtswissenschaft. Geschichtsunterricht bezieht sich auf diesen Prozess der Transformation gesellschaftlicher Erinnerung und nimmt auf unterschiedliche Weise an ihm teil. Er soll Schüler dazu anregen, Geschichte als Teil der Lebenswelt und ihrer eigenen Identität zu begreifen.

2.3 Deutungshorizonte: Gegenwartsbezug und Geschichtskultur

Nicht alle dieser Überlegungen und Impulse sind für den Geschichtsunterricht relevant – auch sie müssen natürlich in ihrer Bedeutung und Tragweite bewertet und gegebenenfalls in den Kontext der Behandlung der thematischen Einheit eingearbeitet werden.

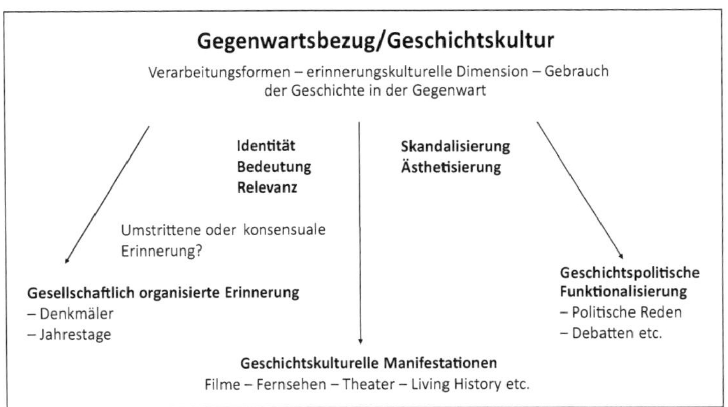

Abb. 1: Gegenwartbezug und Geschichtskultur als Deutungshorizonte

Bezogen auf das Beispielthema Französische Revolution gibt es aktuell eine Fülle an Bezugspunkten: Seit 1989, dem Jahr der 200-Jahrfeier des Ausbruchs der Französischen Revolution, gibt es eine verstärkte Auseinandersetzung mit Revolutionen, der Revolutionserfahrung und ihrem Sinn in der Geschichte, die zwischen Euphorie und Ernüchterung schwankt. Sie hat Ambivalenzen aktualisiert, die die Auseinandersetzung mit der Französischen Revolution von Anfang an begleitet haben. In diesem Sinne ist uns die Revolution seit 1989 wieder nähergerückt.

Signifikant ist hierfür eine geschichtskulturelle Manifestation, der überwältigende Erfolg des Musicals „Les Misérables“, das – trotz seines historischen Bezugs zur Revolution 1832 und zu den Barrikadenkämpfen in Paris – mit der Wiedergabe von Revolutionseuphorie und -tragik seiner Akteure von vielen Zuschauern automatisch mit der Französischen Revolution von 1789 identifiziert wird. (Haven 2012) Eine Vielzahl Revolutionen haben sich seit 1989 abgespielt (die friedliche Revolution 1989/90 in der DDR, den Ländern des Ostblocks, die Orangene Revolution in der Ukraine) und zuletzt die breite Zahl an Revolutionen während des Arabischen Frühlings. Die Fragen der Bewertung von Revolutionen, der Suche nach Parallelen werden dabei immer wieder aktualisiert. Revolutionen sind einerseits ein zentrales Element im westlichen Demokratieverständnis als Mittel, um Demokratisierung und Partizipation sowie den Umsturz autokratischer Systeme herbeizuführen. Insofern werden sie auch immer wieder aktualisiert, wenn sich demokratische Gesellschaften gefährdet sehen, etwa als nach dem Anschlag auf die Zeitschrift Charlie Hebdo am 12.1.2015 Hunderttausende von Menschen auf den Straßen von Paris die Marseillaise sangen. Auf der anderen Seiten bleiben sie mit extremen Ängsten behaftet, führen sie doch immer wieder zu extremen Momenten der gesellschaftlichen Destabilisierung, Gewalt, teilweise auch Bürgerkrieg. Hieraus resultieren Zweifel an Revolutionen als vernünftigem Subjekt der Geschichte. („Was bringen Revolutionen?", Die Zeit, 19. Februar 2015, S. 4-5.) Genau diese Ambivalenz zwischen Revolutionseuphorie und die oftmals folgende Ernüchterung im Hinblick auf die Folgeereignisse werden anhand von politischen Entwicklungen immer wieder aktualisiert.

2.4 Perspektiven der Schüler?

„Die Schüler abholen, wo sie stehen." Dieser Satz ist wohl fast jedem Referendar in seiner Ausbildung eingeschärft worden. So eindeutig, wie er klingt, ist er allerdings gar nicht. Dies meint nicht nur die wachsende migrationsbedingte Heterogenität der Schulklassen, sondern vor allem auch die Art, wie Ausgangs- und Zielpunkt historischen Lernens definiert werden können.

Eine umfassende Bestandsaufnahme, welche Konsequenzen aus den empirischen Studien der letzten Jahre für den Umgang mit Schülerperspektiven als Teil der Unterrichtsvorbereitung zu bedenken sind, steht noch aus. (Köster/Thünemann/Zülsdorf-Kersting 2014) Folgende Aspekte sind auf jeden Fall von besonderer Relevanz und sicher zukünftig bedenkenswert:

Zum einen werfen sie Fragen auf, die das Verhältnis der Schüler zum historischen Gegenstand betreffen, d. h. des Verhältnisses von im Alltag (Familie, Medien etc.) gewonnenen historischen Vorstellungen und schulischem historischen Lernen. Diese sind bei den in der geschichtskulturellen Sozialisation besonders präsenten Themen (Mittelalter, Nationalsozialismus) besonders stabil und behaupten sich offensichtlich gegenüber der Vermittlung anderer Zugangsweisen im Geschichtsunterricht. (Zülsdorf-Kersting 2007; Stöckle 2011; Buck/Brauch 2011; Mathis 2015) Peter Adamski empfiehlt deshalb in seinen Ansätzen zur Diagnose im Geschichtsunterricht, solche Voreinstellungen mit unterschiedlichen Methoden bewusst zu machen und zu thematisieren. (Adamski 2014) Andere Studien zeigen, wie stark manche Urteile und Auffassungen Fragen von Identität und Geschichte berühren: Wie sind bestimmte Themen – einen Schwerpunkt bildet die Auseinandersetzung mit dem Nationalsozialismus – durch Vorannahmen über die Relevanz einer Thematik, seiner Thematisierung im kulturellen, medialen und familiären Umfeld der Schüler geprägt und welche Bewertungen resultieren daraus? (Georgi 2003) Dort wo Themen geschichtskulturell kaum oder gar nicht präsent sind, haben Schüler zunächst keine eigenen Fragen an das Thema bzw. noch keine Voraussetzung zur Formulierung genuin historischer Fragestellungen. (Dehne 2000: 661 f.)

Ähnliche Fragen werfen Studien zur Entwicklung historischen Denkens bei Schülern auf, die oft Probleme wissenschaftlicher Konzeptbildungen freilegen. Sie beschreiben Diskrepanzen zwischen Schülervorstellungen und wissenschaftlichen Konzepten historischen Denkens. Sie beziehen sich etwa auf Konzepte von Wandel oder Kausalität (Jenisch 2004) oder Fragen wissenschaftlicher Begriffsbildung im Fach Geschichte. (Beilner/Langer-Plän 2006) Geschichte setzt sich mit Alltagsphänomenen auseinander, die aber nicht mit Alltagstheorien erklärt werden, sondern mit komplexen Theorien von Macht und Herrschaft oder sozialen und wirtschaftlichen Strukturen. Sie lassen sich durch Erklärungsmuster aus der Erfahrungs- und Alltagswelt der Schüler nur unzureichend erfassen.

Daraus resultieren Fragen nach dem Aufbau einer differenzierten historischen Begriffsbildung, des Verstehens historischen Wandels und der Erklärungsmodi von Kausalitäten sowie generell die Beschreibung historischer Phänomene aufgrund bestimmter theoretischer Vorannahmen.

Nicht nur die Gestaltung einzelner Stunden, sondern vor allem auch die Reihenplanung sollte auf diese Herausforderungen reagieren. *Fragen von Identität und Geschichte* tangieren dort genauso Fragen inhaltlicher Relevanz, die für Schüler explizit werden sollten. Warum und unter welchen Fragestellungen werden bestimmte Themen als bedeutsam und deshalb lernwürdig angesehen?

Fragen fachspezifischen historischen Denkens können nur dann vermittelt werden, wenn die Reihenplanung insgesamt spezifische Modi historischer Strukturierung explizit macht. Welche Modi der historischen Darstellung können Brücken hin zu bestimmten strukturellen Erkenntnissen und Narrationen bilden?

Nichts führt daran vorbei, Schülern ein didaktisch reflektiertes und gut strukturiertes Angebot zu machen, das gleichzeitig offen für den kommunikativen Prozess im Unterricht bleibt und nichts ist für die Entwicklung eines Geschichtsbewusstseins bei Schülern kontraproduktiver als der leider oftmals praktizierte fragend-entwickelnde Pseudoproblemstil.

3. Bausteine der Planung von Unterrichtseinheiten im Fach Geschichte: Sieben Stundentypen

Eine Lehrplaneinheit kann nur durch das Zusammenspiel komplementärer Formen der historischen Betrachtung und Darstellungsprinzipien geschehen. Insofern sind die in der Geschichtsdidaktik diskutierten Darstellungsprinzipien bzw. Strukturierungsverfahren nur zum Teil zur Stundenstrukturierung geeignet und können auf keinen Fall als durchgängiges Prinzip genutzt werden. Eine Unterrichtseinheit nur aus Fallbeispielen wäre in der Regel kaum sinnvoll. (vgl. Barricelli 2012, Pandel 2006) Deshalb werden Stunden im Folgenden in ihrer Funktion im Kontext der Reihenplanung als Teil eines Gedankenganges beschrieben. Sie erhalten so Teilfunktionen, die sie etwa auch in einer historischen Monographie erfüllen könnten, indem sie historische Betrachtungs- und Darstellungsweisen beinhalten. Ein wesentliches Kriterium ist die Übertragbarkeit; d. h. die Anwendbarkeit auf unterschiedliche Themen und historiographische Schwerpunktsetzungen. Unterschieden werden nach ihrer Funktion *sieben Typen*, die im Folgenden erläutert werden. Hierbei ist durchaus bewusst zu halten, dass die geschilderten Verfahren im Ablauf einer Stunde gemischt oder einander zu- oder untergeordnet werden können, indem etwa die Betrachtung eines Prozessverlaufs durch ein Fallbeispiel ergänzt wird. Es wird aber davon ausgegangen, dass in den Stunden durch ihre Themensetzungen spezifische Betrachtungsweisen jeweils dominieren, die im Folgenden beschrieben werden.

Zur Formulierung von Unterrichtsthemen im Fach Geschichte

Als Ausgangspunkt eines problemorientierten Geschichtsunterrichts sollten die Themen der Stunden sich nicht in der Nennung des Gegenstands erschöpfen, sondern eine historische Leitfrage oder eine kurze These enthalten, die dann den Kern des interpretativen Zugangs bilden. Die Formulierung von Titeln muss in den Funktionszusammenhang des Unterrichts eingeordnet werden. Wird ein reiner Sachtitel verwandt, der noch eine knappe These enthält, dann kann er bereits zu Beginn des Unterrichts bekannt gemacht werden, da die sich daran anschließenden Fragen im Prozess des Unterrichtens aufgeworfen werden können. Wird die Problemfrage in der ersten Phase des Unterrichts in einem Einstieg entwickelt, dann wird der Titel so oder in einer modifizierten Form – in der er gemeinsam mit den Schülern entwickelt wird – nach dieser Phase der Klasse mitgeteilt. Eine gewisse Spannung ergibt sich im Hinblick auf die Ausführlichkeit der Titel: Kurze und provokante Titel bringen das Anliegen des Unterrichts prägnanter zum Tragen, ausführliche Titel binden diese konsequenter in den Kontext historisch-methodischer Betrachtung ein und geben einen klareren Rahmen für die weitere Betrachtung. Titel, die methodenorientierte Stunden einleiten, müssen das Verfahren beinhalten (interpretieren ..., analysieren ... etc.), das geübt werden soll. Im Folgenden werden unterschiedliche Titelvarianten als Muster genutzt:

1. Die Ergänzung des Unterrichtsgegenstands durch den Betrachtungsschwerpunkt/inhaltliche Schwerpunktsetzung bzw. eine These, die dann zum Ausgangsunkt der Betrachtung wird. Möglich ist auch die Nutzung von Zitaten, wenn diese den Kern der Problemfrage anstoßen können. (Bsp.: „Sie gehörten ganz dem Vaterland" – Die spartanische Staats- und Gesellschaftsordnung).
2. Ergänzung des Unterrichtsgegenstands durch eine Problemfrage, die dann zur Leitfrage der Unterrichtsstunde oder der Unterrichtseinheit wird (Bsp.: Kindheit in Athen und Sparta – Warum werden die Kinder so unterschiedlich erzogen?).

3.1 Problemtyp

Hierunter werden jene Stunden verstanden, die Interpretationssichten für eine Unterrichtseinheit öffnen. Sie rücken eine der Vielzahl möglicher Varianten problemorientierter Untersuchung (Deutungskonkurrenz etc.) in den Mittelpunkt der Betrachtung und öffnen so Fragen und Perspektiven, die für die weitere Behandlung des Themas leitend werden. Entscheidend ist also die Funktion für die gesamte Unterrichtseinheit, da ja Problemorientierung insgesamt (Gegenwart der Vergangenheit, Relevanz des Themas etc.) zum Leitaspekt des

Stundentypen

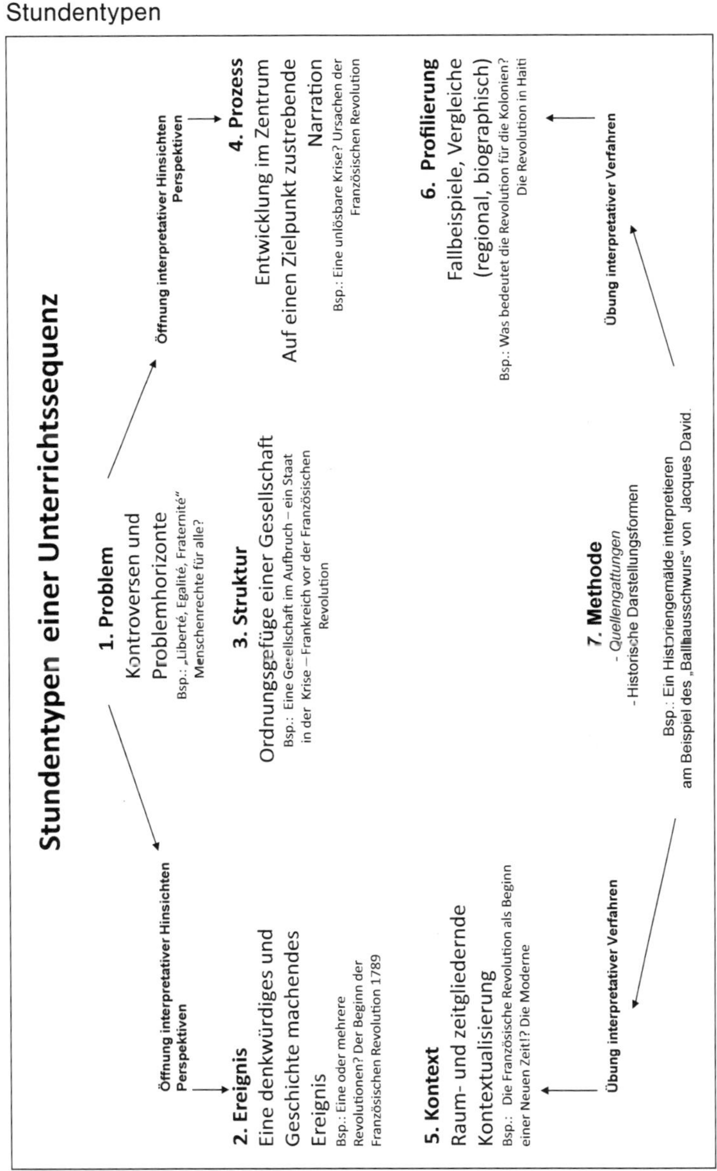

Abb. 2: Sieben Stundentypen einer Unterrichtssequenz

Unterrichtens werden sollte. Idealerweise entsteht in solchen Stunden eine Leitfrage, die immer wieder als roter Faden auch in den folgenden Stunden thematisiert wird. Gemäß der Vielfalt problemorientierter Betrachtungsweisen können etwa folgende Themen im Zentrum stehen:

- Gegenwartsbezug als Strukturanalogie oder Gegenwartsgenese. (Bergmann 2002; Buck 2012)
- Kontroversität historischer Betrachtung: konkurrierende Perspektivierungen historischer Themen
- Zeitgenössische Perspektiven und epochenspezifische Probleme

Titelformulierungen problemorientierter Stunden

Zum einen zeigen Fragen in Titeln, die sich nicht mit ja oder nein beantworten lassen, problemorientierte Perspektiven an. Zudem beinhalten alternative Begriffspaare, die sich auf historische Urteilsbildung beziehen, oftmals eine Diskrepanz, die zur Auseinandersetzung einlädt.

1. Eine Herrschaft nach den Grundsätzen der Revolution? Napoleons Herrschaft – Anspruch und Wirklichkeit?
2. Unsere Revolutionen – Eure Revolutionen? Nationales Gedenken in den USA, Frankreich, Deutschland im Vergleich.
3. Der Holocaust – Wie konnte es zu diesem Zivilisationsbruch kommen?

3.2 Ereignistyp

Zentrum dieses Stundentyps bildet ein historisches Ereignis. Ereignisse sind historische Begebenheiten, die als denkwürdig angesehen werden, weil sie eine geschichtliche Veränderung herbeiführen. Zu Ereignissen können unterschiedliche Handlungen zusammengefasst werden. Ereignisse sind unwiederholbar und einzigartig und müssen deshalb in Raum und Zeit markiert werden. Ereignisse sind Ursache und Folge zugleich. Das Ereignis hat eine Position im Gesamtthema der Unterrichtseinheit, d. h. es kann den Anfang, den Höhepunkt oder das Ende eines Prozesses beschreiben. Alle *Ereig-*

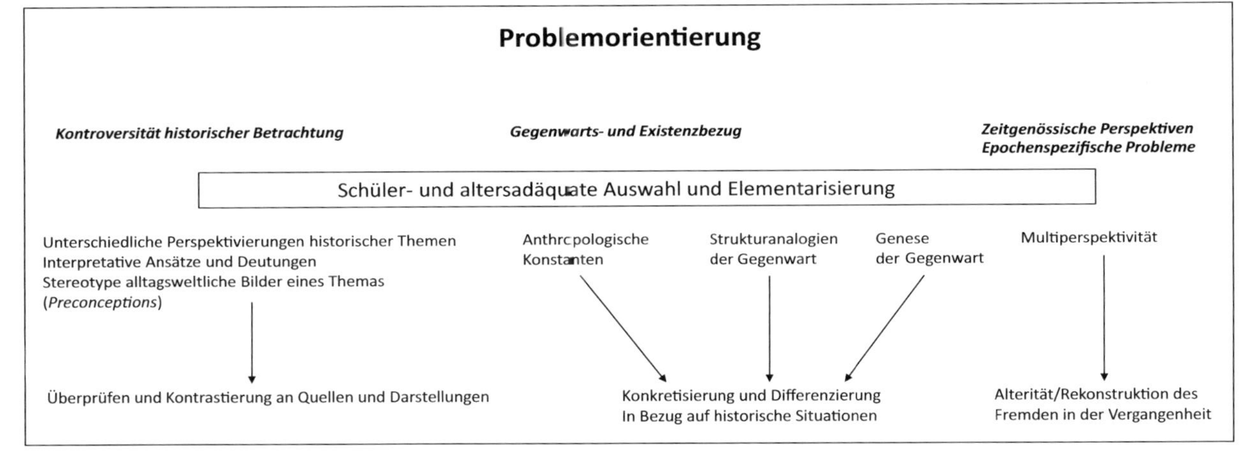

Abb. 3: Geschichtsstunden des Problemtyps

nisse haben ein Vorher und ein Nachher, sie gewinnen ihre Bedeutung durch den Zusammenhang einer historischen Erzählung. Ereignisse sind Bausteine historischer Erzählungen und stehen im Laufe der Zeit im Schnittfeld vieler unterschiedlicher Erzählungen, sie werden im Laufe der Zeit um immer mehr Bedeutungen angereichert. Sie werden deshalb zu *„Knotenpunkten"* (Hölscher) zwischen unterschiedlichen Deutungen der Geschichte. So kann etwa die (Selbst-)Krönung Napoleon I. 1804 im Dom von Notre Dame in sehr unterschiedliche Erzählungen eingebettet werden – etwa eine genetische, die fragt, welche Ursachen zu diesem Ereignis führten, das in so krassem Gegensatz zu den ursprünglichen Idealen der Französischen Revolution stand; eine biographische Erzählung, die die Krönung als Scheitelpunkt einer beispiellosen Karriere darstellt, oder eine mikrochronologische Erzählung, die Schein und Wirklichkeit einander gegenüberstellt, indem die Krönung durch die zwei Tage später stattgefundene Verteilung der Adlerfeldzeichen an die Truppen auf dem Marsfeld ergänzt wird, die ihren persönlichen Treueschwur auf den Kaiser ableisteten („Heereskaisertum") usw. (Oswalt 2009)

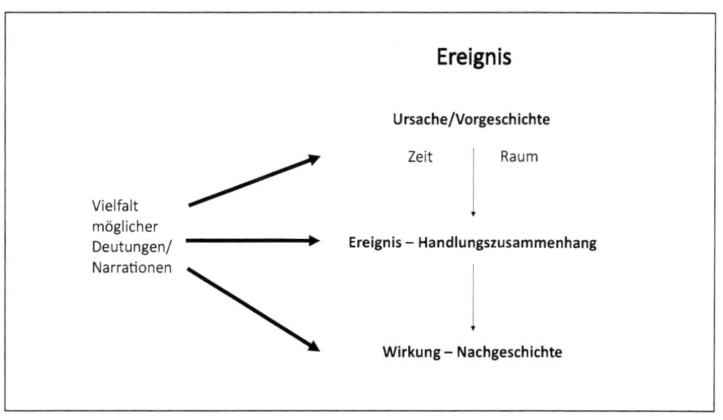

Abb. 4: Geschichtsstunden des Ereignistyps

Titelformulierungen des Ereignistyps

Wichtig ist die präzise Bestimmung des Ereignisses in Ort und Zeit. Markiert werden kann die Position bzw. Einbettung in die jeweilige Erzählung. Zudem kann durch den Titel bereits angedeutet werden, in welchem Erzählzusammenhang das Ereignis gedeutet wird. Positionen in der jeweiligen Entwicklung können etwa verdeutlicht werden durch Begriffe wie: „Etappe … Höhepunkt von … Beginn … Endpunkt …“, also Termini, die jeweils eine bestimmte Bedeutungszuschreibung markieren. Anspruchsvoller sind Stundentitel, die das Ereignis als Kreuzungspunkt unterschiedlicher Erzählungen markieren: Der Modus ist hier „Sowohl … als auch“ – z. B. Ende einer Entwicklung und Beginn einer neuen.

Fragen oder Thesen zu einem Ereignistyp können sich richten auf: Die Bedeutungszuschreibung an ein Ereignis. Die Fragen nach den Ursachen oder Folgen eines Ereignisses. Die Anreicherung eines Ereignisses mit unterschiedlichen Bedeutungen oder kontroverse Deutungsmöglichkeiten eines Ereignisses.

Beispiele

1. Die Heeresreform des Marius (107 v. Chr.) – Lösung eines Problems und/oder erste Etappe auf dem Weg zur Alleinherrschaft?
2. Ohne die Erfindung der Dampfmaschine keine Industrialisierung?
3. Der Hitler-Ludendorff-Putsch am 9.11.1923 – Die Gegner der Republik machen mobil.

3.3 Strukturtyp

Gemeint sind jene Stunden, die von Strukturgeschichte als methodische Herangehensweise ausgehen, die einer Gesellschaft zu Grunde liegenden Strukturen, ihre Konstanz oder ihren Wandel in den Blick nehmen. Aufgezeigt wird in der Regel ein politisches oder soziales Ordnungsgefüge, auf dessen Konstanz zu unterschiedlichen Zeiten unterschiedliche Faktoren in verschiedenem Maße einwirken. Strukturgeschichte meint somit eine Synthese von wirtschaftlichen, sozialen mit politischen, aber auch geographischen Betrachtungsweisen, aus denen sich ein Gesamtzusammenhang ergibt. Im Rahmen der Strukturbetrachtung lassen sich so Ressourcen und Lebensoptionen einzelner sozialer Gruppen beschreiben, aber auch die begrenzten Handlungsspielräume politischer Akteure bestimmen. Seit dem Übergang von der Gemeinschafts- zur Gesellschaftserziehung in den sechziger Jahren geht es dabei nicht um die Erzeugung eines harmonisierenden Bildes von Gesellschaft, sondern gerade um Widersprüche, die Auseinandersetzungen um Ressourcen und Macht, eventuell auch um die Stabilität oder Instabilität einer gesamten Gesellschaftsordnung (etwa im Vorfeld einer Revolution). Zudem geht es um die Dauerhaftigkeit und den Wandel solcher Strukturen.

Gegenstand der Stunden des Strukturtyps können typologische soziale Körperschaften (die Stadt im Mittelalter, Leben auf dem Dorf im 17. Jh.), Staaten (Die Gesellschaft Athens, Die deutsche Gesellschaft im Kaiserreich) oder Epochen (Leben in der Altsteinzeit) sein.

Die sich oftmals wiederholenden bzw. ähnlichen Strukturbeschreibungen in bestimmten Themenzusammenhängen verdecken die Komplexität des Verfahrens. Schließlich geht die Strukturbetrachtung davon aus, dass sich in der Zusam-

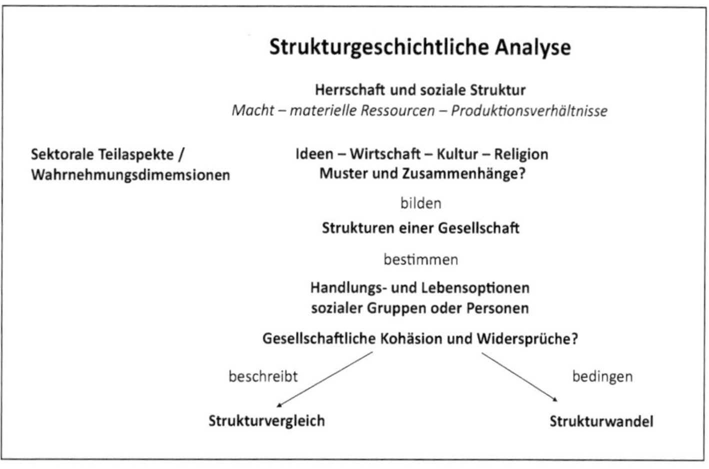

Abb. 5: Geschichtsstunden des Strukturtyps

menschau unterschiedlicher Bereiche unter bestimmten Gesichtspunkten ein Gesamtbild einer Gesellschaft zeichnen lässt (was immer ein Konstrukt bleibt und vom Schüler eine Fülle gedanklicher Transferleistungen erfordert). Hierbei werden oftmals einzelne Sektoren wie Gesellschaftsordnung, Wirtschaft, politische Verfasstheit, Religion oder Ideen zu leitenden Bereichen, deren Logik als bestimmend für andere sektorale Felder gesehen werden. Besonders offensichtlich ist das bei Themen zum Mittelalter, wo Religion (christliches Weltbild) als auf eine Fülle anderer Bereiche einwirkende Logik beschrieben wird (z. B. Gesellschaftsordnung/Stände) und so zu einem eventuell zu statischen Bild gerinnt. Zudem können sektorale Hinsichten, in denen bestimmte soziale Muster beschrieben werden, zueinander in Beziehung gesetzt werden: z. B. Wirtschaft und Gesellschaft – Wie prägt die Entwicklung einer kapitalistischen Wirtschaft soziale Beziehungen und wie wirkt sie sich auf Lebensverhältnisse von Menschen und staatliche Strukturen aus? Religion und Gesellschaft, etwa bei theokratischen Ordnungen: Wie wird Autorität durch religiöse Funktionen gesichert und tradiert? Oder geht es um das Verhältnis von gesellschaftlichen Strukturen zu der Prägung von Handlungsmustern oder Optionen in bestimmten Lebenssituationen etc.?

Titelformulierung strukturgeschichtlicher Stunden

Zu vermeiden sind die älteren Titelformulierungen wie z. B. *„Das Wesen des Staates XY"* oder die einseitige Zentrierung von Strukturanalysen auf die „Staatsverfassung". Manche Titel zeigen Zentrierungen und Muster an. Präzisierend wirken Termini, die Ordnungsmuster gesellschaftlicher Strukturen beschreiben, z. B. Bezeichnungen für gesellschaftliche Gruppen (Stände, Klassen, Schichten oder Milieus). Bestimmte sektorale Bereiche (Wirtschaft, Religion etc.) können in das Zentrum der Titel rücken.

Fragen oder Thesen beziehen sich eventuell auf:

- Beschränkungen oder Möglichkeiten von Lebensperspektiven oder Handlungsoptionen einzelner Personen oder sozialer Gruppen im Kontext von Strukturen.

- Fragen von Macht und Einfluss innerhalb bestimmter politischer Strukturen und des Verhältnisses von formellen und informellen Einflussnahmen und Machtoptionen.
- Fragen nach der Wirkung bestimmter sektoraler Bereiche auf andere (Religion auf Politik, Wirtschaft auf soziale Verhältnisse etc.).

Beispiele

1. „Sie gehörten ganz dem Vaterland" – Die spartanische Staats- und Gesellschaftsordnung
2. Senat und Volk von Rom: Wer herrscht in der Römischen Republik?
3. Pax Romana – Zivilisierung oder Unterdrückung? Gesellschaft, Wirtschaft und Verwaltung im Römischen Reich zur Zeit des Prinzipats

3.4 Prozesstyp

Prozess (lat.) bedeutet Vorgang, Verlauf, Entwicklung. Im Zentrum der Betrachtung steht ein historischer Prozess, der sich in einer Abfolge von Ereignissen oder Entwicklungen spiegelt und von einem historischen Zeitpunkt an verfolgt und eingeordnet wird. In Prozessen wird historisch das Zusammenwirken unterschiedlicher Handlungszusammenhänge oder anderer „Impulse" (Gustav Droysen) beschrieben, die in der Regel von ihrem Ende her zu einem einheitlichen Vorgang zusammengefasst werden. Prozesse sind also immer auch gerichtet. Krisen etwa stellen Prozesse dar, deren Anfang, Höhe- und Wendepunkte sowie deren Ende prinzipiell datierbar sind.

Prozesse können sich in wenigen Stunden abspielen und nur eine kleine Gruppe von Menschen betreffen – etwa bei politischen Entscheidungsprozessen – oder sich über mehrere Jahre oder Jahrzehnte oder auch Jahrhunderte erstrecken. (Meier 1978) Ein Prozess kann sich demnach wie die die neolithische Revolution über Jahrtausende ausdehnen oder sich als Entscheidungsfindungsprozess während weniger Tage abspielen, wie im Oktober 1962 in der Kuba-Krise im Oval Office und in Moskau, als die Welt am Rande eines Atomkrieges stand. Prozesse beinhalten auch Beschleunigungs- und Retardierungsmomente. Sie können sich auf einen Aspekt beziehen (Nationsbildung) oder ein ganzes Bündel an Veränderungen beinhalten (Modernisierungsprozesse).

Insofern verlaufen prozessorientierte Stunden nach einer auf einen Zielpunkt zustrebenden Narration, sollten aber tunlichst vermeiden, die Teilaspekte eines Prozesses zu sehr einzuebnen, die in der Geschichte ja oftmals *kontingent*, also ohne Absicht zusammenwirken. Aus den oben genannten Charakteristika historischer Prozesse ergibt sich, dass ihre Betrachtung bzw. Untersuchung im Unterricht nicht der natürlichen Chronologie folgen muss, sondern Zeitsprünge beinhalten kann oder oftmals vom Endpunkt einer Entwicklung betrachtet werden sollte, folgt sie doch so der inneren Logik historischen Denkens.

„In der Abfolge erhält die momenthaft-statische Situation einen dynamischen Charakter, die Folge der Ereignisse wird im Kontext des Zeitablaufs zu einem geschichtlichen Prozess, der bestimmt ist durch die – vielfach divergierenden – Absichten und Handlungen der Menschen einerseits und die äußeren Rahmenbedingungen und Einflüsse andererseits." (Goetz 2006: 22)

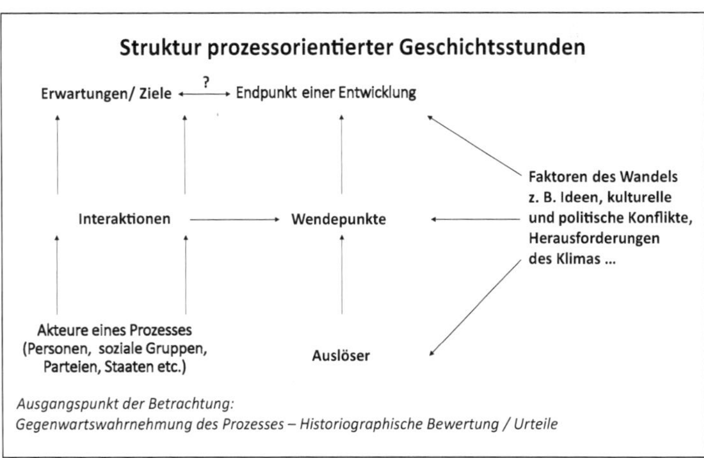

Abb. 6: Geschichtsstunden des Prozesstyps

Titelformulierung prozessorientierter Stunden

Titelformulierungen betonen durch Nomen wie *„Entwicklung“*, *„Prozess“*, „Der Weg zur“ und/oder Verben der Veränderung wie *„werden“* oder Präpositionen (Adverbiale Bestimmungen) *„von … zu“* Zeitabläufe oder Transformationen. Formulierungen wie „Aufstieg“, „Ende“, „Krise“ markieren, welche qualitative Konnotation die Narration der Stunde begleitet. Begriffe wie „Etappen“ oder „Stationen“ zeigen an, dass der Prozess in Abschnitte geteilt und in einzelne Stufen des Verlaufs gegliedert wird. Zeitadverbien können zudem Beschleunigung oder Retardierung eines Prozesses anzeigen. Fragen können demgegenüber den Charakter des Prozesses selbst als diskussionswürdig und als in der Stunde zu erarbeiten markieren. Die Titel können auch bereits das historische Subjekt, den Akteur des historischen Prozesses ins Zentrum rücken.

Fragen, die sich mit prozessorientierter Betrachtung verbinden, können vielfältige Aspekte beinhalten, so etwa:

- Widersprüche der am Prozess beteiligten Gruppen oder Personen oder die Kontingenz (Zufälligkeit) ihres Zusammenwirkens sowie die Diskrepanz zwischen der Intention ihres Wirkens und ihrer Ergebnisse.
- Infragestellung der anscheinenden Alternativlosigkeit des historischen Prozesses. Die Frage nach zentralen Weichenstellungen und ihren Alternativen sowie nach versäumten Chancen oder vermiedenen Katastrophen?
- Die Prüfung der Wirksamkeit einzelner „Impulse“ und des Ausmaßes ihres Einflusses (z. B. Ideen, wirtschaftliche oder soziale Konflikte, Raum etc.)?

Beispiele

1. Anpassung oder kulturelle Leistung? – Die Menschen verändern ihre Lebensweise in der Jungsteinzeit.
2. Die Krise der Römischen Republik – Warum entmachtet sich der Senat selbst?
3. Krise ohne Ausweg? Die Ursachen der Französischen Revolution

3.5 Kontexttyp

In der Praxis des Geschichtsunterrichts ist der Begriff „*Kontextualisierung*“ der schillerndste. In den Einheitlichen Prüfungsanforderungen des Faches Geschichte (EPA) für das Abitur erscheint Kontextualisierung hauptsächlich im Anforderungsbereich II (selbständiges Erklären, Bearbeiten und Ordnen bekannter Inhalte und Methoden auf andere Sachverhalte), auch wenn „Kontextualisieren“ als Operator dort nicht auftaucht. In der Studie „Was können Abiturienten?“ wird eine Tendenz zur Hyperkontextualisierung (Lehrer sprechen auch vom Aufgabenbereich II als „Faktenmüllhalde“) bei Schülern oder eine temporal und sektoral falsche Kontextualisierung festgestellt, was dafür spricht, dass Schüler gerade in diesem Feld kaum Modelle/Routinen aus dem Geschichtsunterricht mitnehmen. (Schönemann/Thünemann/Zülsdorf-Kersting 2010: 55 f.) Dies zeigt, wie wichtig es wäre, Fragen der kontextualisierenden Betrachtung stärker in Unterrichtsstunden zu integrieren. Die Funktion für die Unterrichtssequenz kann bedeuten, dass Kontextualisierung dazu dienen kann, das Thema in mehrfacher Hinsicht aus seiner Inselbildung zu lösen und sowohl mit zuvor oder in der Folge behandelten Themen in einen Zusammenhang zu bringen.

Unter Kontextualisierung versteht man zunächst das Verhältnis von Text und Kontext, eine unabdingbare Operation historischen Verstehens, die die Motive einer Aktion oder eines Akteurs, die sich aus den Quellen erheben lässt, in einen größeren Zusammenhang stellt. Diese Kontexte können eine Fülle an Interpretationshinsichten öffnen. Dieses Verständnis von Kontextualisierung erfasst allerdings nicht Verfahrensweisen, wo es um die Kontextualisierung von komplexen Ereignissen der Geschichte oder zeitlich weit zurückliegende Bezüge geht. Diese erfordern teilweise, zeitlich und sachlich weit voneinander entfernte Sachverhalte sinnhaft miteinander zu verknüpfen, die also weiter ausgreifen, als den Situationshorizont einer bestimmten Handlung zu erschließen. Dass dies mehr meint, als im traditionellen Sinne „Überblickswissen“ zu vermitteln, versteht sich daher von selbst.

Denn natürlich bleibt die Auswahl hoch selektiv und muss einen inneren Zusammenhang herstellen.

Kontextualisierung kann in sehr unterschiedlichen Reichweiten und Hinsichten geschehen. In Ermanglung einer noch zu entwickelnden Systematik geht der folgende Vorschlag von der sehr basalen Annahme einer raum- und zeitgliedernden Kontextualisierung aus.

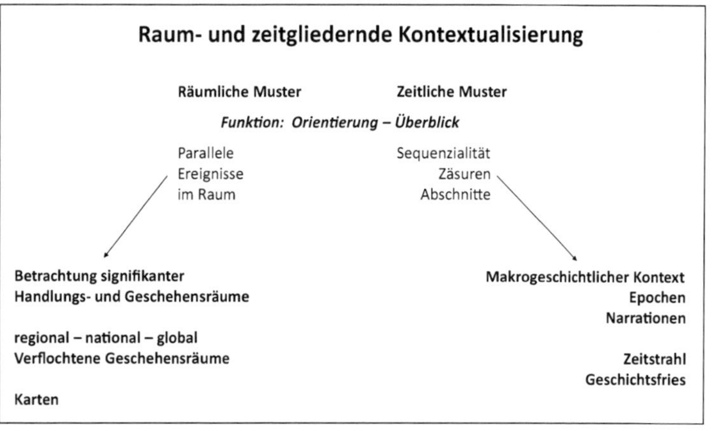

Abb. 7: Geschichtsstunden des Kontexttyps

Raum- und zeitgliedernde Kontextualisierung

Zeitgliedernde Kontextualisierung

Die zeitgliedernde Kontextualisierung macht Zäsuren und Epochengrenzen deutlich und verdichtet ein historisches Phänomen in einen größeren Merkmalszusammenhang. Epochenbegriffe setzen sich immer aus Merkmalskombinationen zusammen und haben Konnotationen, die die historische Gesamtentwicklung betreffen. Wichtig ist die Klärung der räumlichen und zeitlichen Reichweite des Kontexts. Schließlich können zeitgliedernde Momente aus der Gegenwartsperspektive mit der zeitgenössischen Zeitwahrnehmung kontrastiert werden. Warum wird ein Phänomen oder Ereignis als Teil des „Mittelalters“ verstanden? Auf welche Entwicklungen weist es voraus? Zu welchem zuvor geschehenen Ereignis oder zu welcher Entwicklung weist es Bezüge auf? Diese Fragen erfordern nicht nur das Aufzeigen eines Zusammenhangs, sondern die Einbettung in umfassende Narrationen, die einen makrogeschichtlichen Kontext herstellen. Entscheidend ist es hierbei, das historische Referenzsubjekt der jeweiligen Narration zu verdeutlichen (Nation, Zivilisation, Idee, Modernisierung), damit diese nicht in ein Gewirr zerfällt. Insofern macht eine zeitgliedernde Kontextualisierung erst deutlich, in welchen umfassenden Narrationen bestimmte Themen verankert sind. Dies kann zum Teil weite Rückgriffe oder Vorgriffe erlauben.

Geschichte in ihrer Parallelität im Raum

Die Kontextualisierung in weiteren Raumbezügen kann bedeuten:

- *Die Parallelisierung unterschiedlicher Handlungsräume.* Die Betrachtung paralleler Phänomene im Raum in ihren horizontalen Bezügen – parallele Ereignisse auf einer Ebene (z. B. Die Revolution von 1848 in Wien und Berlin) oder im Sinne vertikaler Perspektivwechsel zwischen größeren und kleineren räumlichen Einheiten (Die Revolution 1848/49 in Deutschland und im Großherzogtum Baden). Diese können konstrastiv auch als Vergleiche erweitert werden.
- *Die Entfaltung unterschiedlicher Handlungszenarien,* die sich über große Räume oder den Globus erstrecken (Kriege und ihre verschiedenartigen Schauplätze) mit der folgenden Neuordnung ganzer Weltregionen; Geschehensräume mit unterschiedlichen Zentren (Revolutionen), Diffusionsgeschichten (die Ausbreitung von Krankheiten oder kulturellen Phänomenen, das Wandern von Tieren und Pflanzen, aber auch Ideen) oder auch die Geschichte von Interaktionen zwischen Räumen.
- *Zusammenbinden von Räumen,* die sonst getrennt gedacht werden, z. B. Ozeane als Interaktionsräume. Überblick über Aktionsräume kolonialer Ausdehnung und Interaktionen; Neuperspektivierung von Räumen (Verflechtungsaspekte historischer Bezüge werden deutlich). Dies beinhaltet die

Chance, den „nationalen“ oder „europäischen“ Container der historischen Betrachtung an manchen Stellen ein Spalt breit zu öffnen und durch andere historische Perspektiven zu ergänzen.
- *Die Kontrastierung von Räumen* mit einem unterschiedlichen Takt der Entwicklung, der daraus folgenden Gleichzeitigkeit des Ungleichzeitigen.

Titelformulierung kontextualisierender Geschichtsstunden

Geschichtsstunden, die einen Kontext in den Mittelpunkt der Betrachtung rücken, sollten den raum- oder zeitgliedernden Zusammenhang markieren, den sie herstellen. Dieser kann Räume übergreifen oder in Beziehung setzen oder Epochenfragen oder zentrale Theorien historischer Entwicklung ins Zentrum rücken. Das hat zur Folge, dass dabei Themen formuliert werden, die zunächst als ungewöhnlich umfassend und teilweise wie das Dach einer ganzen Unterrichtseinheit wirken. Er soll aber gerade dazu animieren, weite Horizonte herzustellen, die auch einmal in eine stark geraffte Darstellung münden können, um so einer Inselbildung im Fach Geschichte entgegenzuwirken. Die Formulierungen beinhalten Generalisierung oder die Zusammenfassung unter einer übergreifenden These. Diese Fragen oder Thesen können die im Epochenkontext enthaltenen Wertungen freilegen und zur Diskussion stellen.

Beispiele

1. Politische Revolutionen und Industrialisierung – Warum kann man von einer Doppelrevolution sprechen?
2. Radikaler Einschnitt in der Menschheitsgeschichte! – Die Industrialisierung in Europa
3. Viele Wege zum gleichen Ziel? Nationalstaatsbewegungen in Europa

3.6 Profilierungstyp

Zwei sehr unterschiedliche historiographische Verfahren dienen der vertiefenden Profilierung eines Themas im Rahmen einer Unterrichtseinheit. Während *Historische Vergleiche* durch Generalisierung und Typisierung die Profilierung eines Phänomens durch wechselseitige Erhellung mit einem anderen historischen Phänomen herstellen (z. B. Revolutionsvergleich), gleichen Fallbeispiele Tiefenbohrungen, die einen historischen Zusammenhang anhand eines konkreten Falles verdeutlichen. Natürlich sind beide Verfahrensweisen methodisch unterschiedlich und benötigen im Fach Geschichte sehr spezifischer Erkenntniswege.

Fallanalyse

Stunden, die Fallanalysen in das Zentrum rücken, erzielen eventuell zwei durchaus gegensätzliche Effekte: Zum einen gehen sie auf ein Bedürfnis nach Anschaulichkeit und Wirklichkeitsnähe ein. Da allerdings immer ein konkreter Fall in Beziehung zu einem allgemeinen Thema gesetzt wird, damit er nicht verabsolutiert wird, kann dieser Zusammenhang zwischen dem Besonderen und dem Allgemeinen durchaus komplex sein. Im Fach Geschichte, das sich immer in der Spannung zwischen dem Besonderen und dem Allgemeinen bewegt, nimmt dies nie den Charakter einer Gleichung ein, sondern bewegt sich immer zwischen Entsprechungen und Differenz.

Spannung zwischen Besonderen und Allgemeinen

Besonders deutlich wird dies am Regionalmodell: Der Verlauf der Revolution von 1848/49, der in fast allen Regionen und Orten Deutschlands einen Reflex fand, ist doch in seinem spezifischen Verlauf regional und örtlich extrem unterschiedlich und konnte in manchen ländlichen Regionen teilweise erheblich von denen des Paulskirchenparlaments differieren (was sich bereits in den Märzforderungen spiegelt). Und wer in dem Ort unterrichtet, in dem am 31.1.1933 als einzigem in Deutschland der Aufruf der Gewerkschaften zum Generalstreik gegen die Machtübernahme der Nationalsozialisten umgesetzt wurde (Mössingen auf der Schwäbischen

Region als Fallbeispiel

Alb), behandelt ein Fallbeispiel, das sich im Gegensatz zum Allgemeinen (Passivität der Gewerkschaften) bewegt.

Teilereignisse als Fallbeispiel

Bei der Betrachtung von *Teilereignissen* als repräsentativ für bestimmte Ereignisse ergeben sich ebenfalls komplexe Fragestellungen. Inwiefern steht der „Sturm auf die Bastille" am 14.7.1789 für die Französische Revolution, der „Thesenanschlag Luthers" 1517 für die Reformation? In welche Zusammenhänge können sie eingeordnet werden und inwiefern erweisen sie sich unter bestimmten Perspektiven als durchaus untypisch bzw. individuell? Insofern ergibt sich bei genauerer Betrachtung oft eine Differenzierung aus unterschiedlichen Perspektivierungen: Sichtweisen der Akteure, Mythenbildungen und die Vielfalt möglicher historiographischer Einordnung sind hierbei oftmals nicht identisch.

Personen als Fallbeispiel

Besondere methodische Fragen wirft die Behandlung von *Personen* in der Geschichte auf, da es hier um die Frage nach ihrem Einfluss auf den historischen Prozess selbst geht: Selbst da, wo Personen einen sehr bestimmenden Einfluss auf politische Entscheidungen gewinnen, sind sie nicht alleinige und alles bestimmende Akteure einer Entwicklung. Sie bleiben eingebunden in bestimmte strukturelle Voraussetzungen, Grenzen der Machbarkeit und stoßen an die Grenzen ihres Einflusses. Hier ist sehr genau auf den Unterschied zwischen Selbststilisierung, politischer Rhetorik und eventuellen späteren Zuschreibungen zu achten (Beispiel Mythifizierung Otto von Bismarcks). Dort wo sich Stunden der Gegenüberstellung von Personen widmen, indem sie ein sozialbiografisch kontrastives Verfahren nutzen, werden Fallbeispiele zum Historischen Vergleich erweitert. Dies kann etwa geschehen, wenn die Reichspräsidenten der Weimarer Republik Paul von Hindenburg und Friedrich Ebert einander gegenübergestellt werden. Zudem können Stunden, die sich exemplarisch auf Personen konzentrieren, bei Schülern die Fähigkeiten schulen, die die Motive und das Handeln von Menschen in spezifischen Kontexten nachvollziehbar machen und so gegenwartsfixierte Einschätzungen menschlichen Handelns ablösen.

Typisierende Verfahren, die versuchen, „Durchschnittstypen" für eine soziale Gruppe zu entwickeln und zu betrachten („der Haussklave in Rom", „der Bauer in Rom") haben sich im Geschichtsunterricht immer mehr etabliert und finden sich als fiktive Erzählungen sogar in manchen Schulbüchern. Dabei wird oft übersehen, dass Quellen sowie autobiographische Zeugnisse zum Teil im Geschichtsunterricht oft nicht ausreichend genutzt werden. Schließlich haben Beamte, Lehrer, Professoren, Schriftsteller, Pfarrer und Militärs dicke Autobiographien hinterlassen. Biographische Selbstzeugnisse bilden eine sehr aussagekräftige Grundlage zur Betrachtung von Fallbeispielen, etwa Adelheid Popps (1869-1938) Arbeiterbiographie „Jugendgeschichte einer Arbeiterin von ihr selbst erzählt" oder Ulrich Bräkers (1735-1798) „Der arme Mann aus Togenburg" als Selbstzeugnis aus dem Siebenjährigen Krieg.

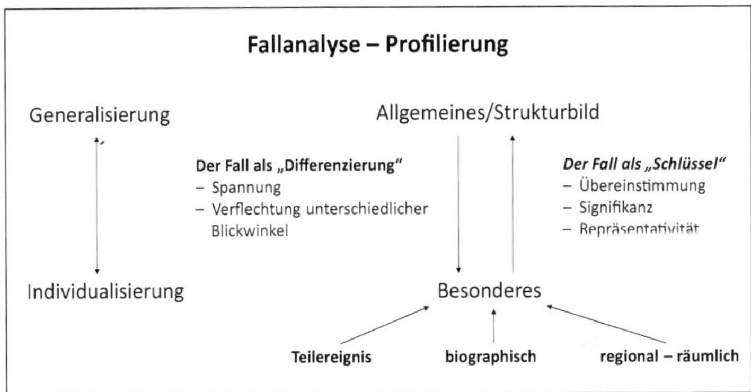

Abb. 8: Fallanalyse als vertiefende Profilierung

Titelformulierungen

Hilfreich ist es, wenn die Titel die Korrelation zwischen Allgemeinem und Besonderem herstellen oder eventuell auch schon eine Spannung zwischen dem speziellen Fall und einer möglichen Generalisierung andeuten.

Fragen können insofern die Repräsentativität des Falles oder den Bezug herstellen.

Beispiele

1. Warum scheitert der Traum von der Republik? – Die Revolution von 1848/49 in Baden

2. Friedrich Ebert und Paul von Hindenburg – Zwei Repräsentanten derselben Republik?
3. Wie werden „normale“ Männer zu Mördern? Das Polizei-Bataillon 101 und die „Endlösung“ in Polen

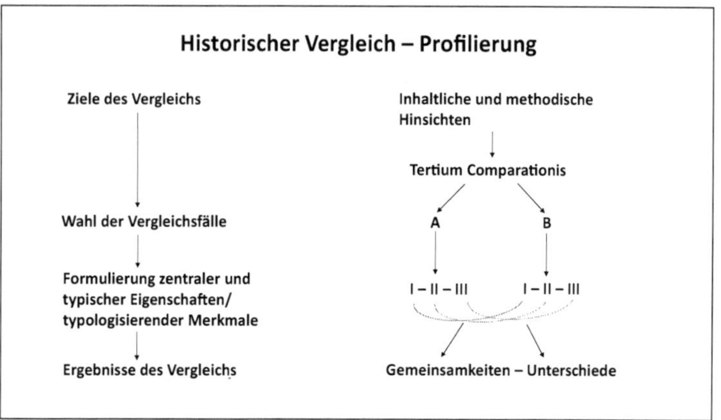

Abb. 9: Historischer Vergleich als vertiefende Profilierung

Vergleiche untersuchen „zwei oder mehrere historische Phänomene systematisch nach Ähnlichkeiten und Unterschieden“. (Haupt/Kocka 1996: 9) Betont wird die Variabilität des Verfahrens, das sowohl Gemeinsamkeiten (generalisierende Analyse) als auch Individuelles (typisierender Vergleich) sucht und sich auf eine Vielzahl historischer Phänomene richten kann. (Kaelble 1999; Kaelble 2012) Ist die Methodik historischer Vergleiche in der Fachwissenschaft insgesamt immer mehr ausdifferenziert worden, folgen in den Lehrplänen geforderte Vergleiche meist dem *analytischen* Typ (Analyse von Ursachen/Entwicklung von Typologien) etwa durch den Vergleich von Revolutionen oder zunehmend dem *verstehenden* Vergleich (dienen dem besseren Verstehen anderer Gesellschaften) wie z. B. dem Vergleich von Weltbildern in China und Europa. Vergleiche können sich auf eine Vielzahl an historischen Phänomenen richten. Gerade der Wunsch nach transnationalen und globalgeschichtlichen Verfahren machen

Vergleiche im historischen Lernen wünschenswert. Historisch vergleichende Verfahren sind aufwendig und werden deshalb meist in eine Stundenfolge eingebettet, wenn beide Ereignisse oder Gesellschaftsstrukturen erst erarbeitet werden müssen. Kann sich der Vergleich auf ein bereits in einem anderen Zusammenhang behandeltes Thema rückbeziehen, dann kann er zur vertiefenden Profilierung eines Themas in einer Stunde oder Doppelstunde angeschlossen werden.

Vergleich und Verflechtung

Werden aufeinander folgende historische Ereignisse verglichen, dann vermischen sich in der Regel *Vergleichs- und Verflechtungsaspekte.* Verflechtungsgeschichten meinen jene Geschichten, in denen Austauschbeziehungen, wechselseitige Einflussnahmen zwischen Völkern, Ländern oder Regionen, thematisiert werden. Sie machen deutlich, dass sich die Geschichten von Ländern oder Nationen nicht isoliert voneinander abspielen. Vielmehr sind sie durch wechselseitige Einflussnahmen und Austauschprozesse gekennzeichnet. In Verflechtungs- und Transfergeschichten sind große Potentiale enthalten, isolierte Vorstellungen nationaler Entwicklung aufzulösen. Nationen definieren sich nicht aus eigenen Einflüssen, sondern werden immer auch durch andere geprägt. Verflechtungen muss man nicht konstruieren, sondern erkennen, dass die Geschichte der Nationen immer schon verflochten ist. (Werner/Zimmermann 2002)

Im Idealfall soll diese Betrachtungsweise nationale Perspektiven auflösen und in eine multiperspektivische Betrachtung solcher Entwicklungen münden. So ist ein Vergleich der Amerikanischen mit der Französischen Revolution ohne Beziehungsaspekte unvollständig, da sowohl Personen als auch Ideen (z. B. der Text der Menschenrechtserklärung) auf die Französische Revolution als folgendes Ereignis einwirkten, auch wenn sich die politischen und sozialen Ausgangsbedingungen der beiden Revolutionen erheblich unterschieden.

Längsschnittverfahren basieren immer auf diachronen Vergleichen, die die einzelnen Phänomene in Beziehung setzen (z. B. Friedensmodelle und Friedensschlüsse in der Geschichte.)

Titel vergleichender Geschichtsstunden

Der Titel vergleichender Geschichtsstunden ist dann markant, wenn er bereits *den Aspekt* nennt, unter dem zwei historische Phänomene verglichen werden. Die Vergleichshinsichten können weiter oder enger definiert werden. Fragen oder Thesen, die einen Titel ergänzen, können bereits darauf hindeuten, dass der Vergleich Ähnlichkeiten oder Unterschiede erbringen wird.

Beispiele

1. Kindheit in Athen und Sparta – Warum werden die Kinder so unterschiedlich erzogen?
2. Das Mittelalter – eine Epoche nur aus europäischer Sicht? Weltbilder in Asien und Europa um 1300
3. Vorreiter und Nachzügler – Der Vergleich der Industrialisierung in England und Deutschland
4. Abschottung oder Europäisierung? Ein Vergleich Chinas und Japans zur Zeit des Imperialismus

3.7 Methodentyp

Gemeint sind Stunden, in denen spezifische Verfahrensweisen historischer Erkenntnisgewinnung, Grundlagen der Quelleninterpretation anhand spezifischer Gattungen und des Umgangs mit der Vielfalt historischer Darstellung geübt oder vertieft werden. Im Zuge der Kompetenzorientierung hat sich dieser Zugang in vielen Lehrplänen intensiviert.

Die Diskussion um die Kompetenzorientierung historischen Lernens führt verstärkt zu diesem Stundentypus, der Gattungs- und Interpretationskompetenz bei Schülern fördern soll. Im Rahmen einer Unterrichtseinheit besitzt eine solche Stunde neben der Übung genereller methodischer Zugänge durchaus auch inhaltliche Funktionen:
Dies wird durch die Auswahl der Beispiele sichergestellt, die von der inhaltlichen Signifikanz durch die Repräsentativität der Quellengattung oder der historiografischen Darstellungsform für den thematischen Schwerpunkt ausgeht. Die Quel-

Methodenorientierte Stunden
Quellengattungen und Darstellungsformen

Thematischer Kontext

Quellengattungen	**Darstellungsformen**
Zentrale Quellen mit unmittelbarem thematischem Bezug	Z. B. Geschichtskarten Schulbuchtexte Geschichtsschreibung
Epochenspezifische Quellengattungen	geschichtskulturelle Manifestationen

Übung interpretativer Verfahren an exemplarischen Beispielen
Erörterung von Evidenz und Triftigkeiten
Entnahme von Informationen und Erkenntnis
von Perspektivität in unterschiedlichen Quellen und Darstellungsformen

Abb. 10: Geschichtsstunden des Methodentyps

len müssen medial repräsentative Gattungen für die Epoche darstellen und sich auf besonders signifikante Aspekte des Themas beziehen lassen. Quellen entstehen in bestimmten historischen Kontexten, wirken wiederum auf sie ein und stehen in einem spezifischen gesellschaftlichen Kommunikations- und Wirkungszusammenhang. Betrachtet man etwa exemplarisch „Karikaturen" beim Thema „Französische Revolution", dann rücken neben Aspekte der Interpretation Fragen nach der *Entstehung, Verbreitung und Wirkung der politischen Publizistik* in den Blick. Insofern werden so auch mediengeschichtliche Fragen relevant.

Auch die Untersuchung von *Geschichte als Darstellung* bleibt eingebettet in den thematischen Zusammenhang. So ist die Übung der Arbeit mit *Geschichtskarten* dann angebracht, wenn das Thema eine intensive Auseinandersetzung mit Raumaspekten nahelegt (*Reichsbildungen, Kriege, Migration, Entdeckungen* usw.).

Die Übung interpretativer Verfahren von Quellen und dem Umgang mit Darstellungsformen von Geschichte macht den Schülern deutlich, wie ihnen im Kontext spezifisch historischer Fragestellungen Sinn entnommen werden kann. Durch den Ausbau dieses methodischen Wissens stützen solche Stunden die Anwendung und Reflexion interpretativer Verfahren im thematischen Kontext.

Titel methodenorientierter Stunden

Um die größte Klarheit zu erreichen, nennen die Titel methodenorientierter Stunden die Quellengattung oder die Darstellungsform und die an ihnen zu übenden Verfahren („Am Beispiel von …"). Ergänzt werden kann der Titel durch den besonderen Akzent, durch die spezifische Charakteristik, die Aussagekraft oder die Eigenschaft, unter der die jeweilige mediale Form betrachtet werden soll. Zudem kann hierin auch das jeweilige Niveau markiert werden, unter der eine methodische Herangehensweise geübt wird.

Beispiele

1. *Mit spitzer Feder gezeichnete Kommentare* – Politische Karikaturen an Beispielen aus der Französischen Revolution interpretieren
2. Warum zerfällt das Karolingerreich? Anhand von Geschichtskarten historische Prozesse nachvollziehen
3. Die Finanzen des Staates und das Verhältnis von Einkommen und Lebensmittelpreisen vor der Französischen Revolution – Eine Krisensituation anhand von Statistiken analysieren

4. Planung von Unterrichtseinheiten in der Praxis: Das Beispiel Französische Revolution

4.1 Die Französische Revolution in den Lehrplänen der Bundesländer

Neben dem Thema Nationalsozialismus ist die Französische Revolution das Thema, das in allen Lehrplänen der Bundesrepublik und darüber weltweit am meisten im Geschichtsunterricht behandelt wird. (Riemenschneider 1994) Das bedeutet, dass neben der weiter fortdauernden wissenschaftlichen Auseinandersetzung um die Revolution auch eigene curriculare nationale Traditionen der Behandlung existieren, bei der sich von den in Frankreich weiterhin auch ideologisch begründeten kontroversen französischen Schulen der Deutung wenig findet. In den deutschen Lehrplänen finden sich zwei Deutungen bzw. Interpretationen, die die Behandlung dominieren:

1. Die Französische Revolution als *Ursprung der Moderne*, am knappsten ausgedrückt etwa im Rahmenplan Mecklenburg-Vorpommern (Gymnasium/Gesamtschule 2002: 27): „Die markierten Themen sind obligatorisch, weil die Französische Revolution mit der Erklärung der Menschen- und Bürgerrechte den Wendepunkt zur modernen Geschichte Europas darstellt." (Themenbereich Französische Revolution)
2. Die Folgen der Französischen Revolution für die deutsche Nationalgeschichte mit unmittelbaren und mittelbaren Wirkungen (Mediatisierung und Säkularisation als größte territoriale Revolution in Deutschland, Auflösung des Hl. Römischen Reiches, Rheinbündische und preußische Reformen etc.), auch wenn der Pathos im Hinblick auf die

Befreiungskriege, der in den Lehrplänen bis in die fünfziger Jahre herrschte, natürlich nicht mehr zu finden ist. (Günther-Arndt 1997; Rohlfes 1999)

Die Lehrplaneinheiten zur Französischen Revolution gehen folglich von Fragen der Identitätsbildung (politisch oder national) aus und folgen nicht geschichtswissenschaftlichen Mustern (Wirtschaftsgeschichte, Kulturgeschichte etc.). Die beiden genannten Deutungen bilden den Rahmen, in den dann andere Wahrnehmungsdimensionen (zumeist Geschlechtergeschichte – die Rolle der Frauen), teilweise auch Kulturgeschichte – Modernisierung der Lebenswelten: der Kleidung, der Einführung des Revolutionskalenders und der Säkularisierung und Rationalisierung des Alltags etc. eingefügt werden. Die folgende Auflistung aller sechzehn Titel der Unterrichtseinheiten der Mittelstufenlehrpläne des Gymnasiums der Bundesländer zeigt, dass durchweg Epochensequenzen die Struktur der Lehrplaneinheiten bilden, deren Strukturierung allerdings sehr unterschiedlich ausfällt und somit auch den Stellenwert des Ereignisses anders dimensionieren. Dadurch bestimmen sich auch die zur Verfügung stehenden Stundenvolumina.

1. Eine Variante behandelt ausschließlich die Französische Revolution in einer Unterrichtseinheit, die dann meistens noch Napoleon und die Auswirkungen der Revolution auf Deutschland einschließt. Diese Variante betont die Singularität des Ereignisses Französische Revolution, betont ihr Gewicht als dem zentralen Umbruch zur Moderne und Ausgangspunkt demokratischer Traditionsbildung.
2. Die zweite Variante sieht die Notwendigkeit, den Absolutismus – oft auch in seiner aufgeklärten Variante – in der gleichen Unterrichtseinheit zu behandeln und beschreibt die Französische Revolution als Kulmination eines Entwicklungsprozesses des 17. und 18. Jahrhunderts.
3. Eine dritte Variante bettet die Revolution in den Zusammenhang „bürgerliche Revolutionen" oder allgemeiner „Zeitalter der Revolutionen" ein, der sowohl vorausgehend die Amerikanische Revolution als auch folgend weitere Revolutionen einschließen kann.

Für die Reihenplanung bedeutet das, dass die Behandlung der Französischen Revolution einen erheblich unterschiedlichen Raum einnimmt und zwischen vier bis sechs Stunden und im Extremfall mehr als 20 Stunden (Saarland) schwanken kann. Diese Unterschiede lassen es im Folgenden nur zu, typologische Muster zu skizzieren, die von Minimal- bis hin zu Maximallösungen reichen und die im Kapitel zuvor entwickelten Stundenmuster einbeziehen.

Titel aktueller Lehrplaneinheiten zur Französischen Revolution aller Bundesländer (Mittelstufe Gymnasium oder Sekundarschule, Haupt- oder Realschule), in denen die Französische Revolution eine zentrale Rolle spielt

- Die Französische Revolution von 1789 (Bildungsplan 2004 Realschule, Baden-Württemberg, Jg. 8)
- Entwicklung des neuzeitlichen Europa (Bildungsplan 2004 Allgemeinbildendes Gymnasium Baden-Württemberg, Jg. 8)
- Europa im Zeitalter der Revolutionen (Fach-Jahrgangsstufenlehrplan Geschichte Jgst. 8, Bayern Gymnasium G8, 18 Std.)
- Herrschaft und Legitimation: Bürgerliche Revolutionen und ihre Folgen (Rahmenlehrplan für die Sekundarstufe I: Jahrgangsstufe 7-10. Geschichte, Berlin, Hauptschule, Realschule, Gesamtschule, Gymnasium, Jgst. 7/8)
- Europa in der Zeit des Absolutismus und der Französischen Revolution (Rahmenlehrplan für die Sekundarstufe I: Jahrgangsstufe 7-10. Geschichte, Jgst. 7/8, Brandenburg 2002/2005).
- Französische Revolution – Aufbruch in die moderne Gesellschaft (Welt-Umweltkunde: Geschichte, Geografie, Politik. Bildungsplan für das Gymnasium: Jahrgangsstufe 5-10, Bremen 2006, Jgst. Kl. 7/8)
- Französische Revolution: Siegen, Freiheit, Gleichheit, Brüderlichkeit? (Lehrplan Geschichte. Bildungsgang Realschule. Jahrgangsstufen 5 bis 10, Hessen, Jgst. 9, 12 Std.)
- Die Französische Revolution und ihre Wirkung in Europa (Lehrplan Geschichte. Gymnasialer Bildungsgang. Jahrgangsstufen 6 bis 13, Hessen, G9, Jgst. 9, 12 Std.)
- Aufklärung und Streben nach Freiheit – Bürgerliche Revolutionen (Französische Revolution) (Bildungsstandards und Inhaltsfelder. Das neue Kerncurriculum für Hessen. Sekundarstufe I – Hauptschule: Geschichte, ohne Jahrgangsangabe)
- Themenbereich Amerikanische und Französische Revolution (Rahmenplan Geschichte. Gymnasium, integrierte Gesamtschule, Jahrgangsstufen 7 bis 10, Mecklenburg-Vorpommern 2002, Jgst. 7/8)
- Die bürgerlichen Revolutionen in Europa (Kerncurriculum für das Gymnasium Schuljahrgänge 5-10, Niedersachsen 2008, Jgst. 8)
- Französische Revolution (Kerncurriculum für die Realschule Schuljahrgänge 5-10, Niedersachsen 2008, Jgst. 7/8)

- Menschenrechte, Partizipation und Demokratie – politische Umbrüche seit dem 18. Jahrhundert (Kernlehrplan für die Hauptschule in Nordrhein-Westfalen. Gesellschaftslehre: Erdkunde, Geschichte/Politik, Jgst. 7/8)
- Europa wandelt sich: Französische Revolution (Kernlehrplan für das Gymnasium in Nordrhein-Westfalen 2007. Geschichte, G8, Jgst. 7-9)
- Das Zeitalter der Aufklärung und der bürgerlichen Revolutionen (Lehrplan Geschichte (Klassen 7-9/10). Hauptschule, Realschule, Gymnasium, Regionale Schule, Rheinland-Pfalz, Jgst. 8, 8 Std.)
- Die Französische Revolution und Napoleon (Lehrplan Geschichte. Gymnasium. Klassenstufe 8 – Erprobungsphase – 2014, Saarland, Zeitangabe: 30 Prozent des Schuljahres)
- Revolution und Reform im Europa der Neuzeit (Lehrplan Mittelschule Geschichte, Sachsen, Jgst. 7, 10 Std.)
- Der Beginn der bürgerlichen Gesellschaft (Rahmenrichtlinien Gymnasium Geschichte 2003: Schuljahrgänge 5-12, Sachsen-Anhalt, Jgst. 7/8, 8 Std.)
- Französische Revolution und ihre Folgen (Lehrplan für die Sekundarstufe I der weiterführenden allgemeinbildenden Schulen, Hauptschule, Realschule, Gymnasium, Schleswig-Holstein, Jgst. 8)
- Französische Revolution – Ideen und Auswirkungen (Lehrplan für den Erwerb des Haupt- und Realschulabschlusses. Geschichte, Thüringen 2012, Jgst. 7/8)
- Auf dem Weg in die Moderne – Die Französische Revolution (Lehrplan für den Erwerb der allgemeinen Hochschulreife. Geschichte, Thüringen 2012, Jgst. 7/8)

4.2 Entwicklung einer Unterrichtseinheit – Epochenbegriff als Kern der Epochensequenz

Stundentypen bilden eine Grundlage, die im Sinne der Intentionen einer Behandlung des Themas genutzt werden sollte. Epochensequenzen, die ja aus einer Mischung aus dem Ablauf der Geschichte und unterschiedlichen systematischen Aspekten zusammengesetzt sind, bieten für die Strukturierung einen relativ offenen Rahmen. Auf eine Stringenz des Ablaufs muss hier allerdings in besonderem Maße geachtet werden, damit die Betrachtung des Themas nicht in eine zusammenhanglose Reihung von Aspekten zerfällt, die sich der Illusion hingibt, dass eine vollständige Behandlung eines Themas möglich ist. Epochensequenzen gehen letztendlich von einem Epochenbegriff aus und begründen so den Zusammenhang der in ihnen zusammengefassten Ereignisse, Prozesse und Strukturen.

Insofern muss das Epochenverständnis geklärt werden. Fachwissenschaftliche Einführungen betonen insgesamt die hohe Relevanz der Französischen Revolution für die Gegenwart und einer Epoche der „Moderne“: „Grundlegung unserer Gegenwart“ – „wirkungsmächtiger Schlüsselvorgang an der Schwelle unserer Moderne“ (Reichardt 1998). „Geburtsstunde und Freiheit und Demokratie“ (Lachenicht 2012), „bedeutendste soziale und politische Umwälzung“ (Kuhn 1999).

Zentral ist die Vorstellung eines Wandels von der Tradition zur Moderne. Gemeint ist damit ein ganzes Bündel an gesellschaftlichen Transformationsprozessen, das sowohl politische, soziale als auch wirtschaftliche Entwicklungen einschließt. Sowohl eine grundlegend neue Begründung der Legitimität von Herrschaft, neue Formen der Identifikation (Nation) und politischer Partizipation (Demokratisierung) und somit politischer Öffentlichkeit, der Formen des Rechts (Gleichheit vor dem Gesetz) und die Bürokratisierung als Normierung vieler Lebensbereiche sind hierunter zu zählen. Kulturelle Veränderungen (neue Formen diesseitiger Lebens- und Alltagsgestaltung) sowie umfassende wirtschaftliche Modernisierung (Industrialisierung) werden als Teil dieses Prozesses verstanden.

Der Kern scheint eine Transformation des Wandelbewusstseins der Gesellschaften selbst zu sein, d. h. dass sie sich immer mehr einem „Imperativ des Wandels“ unterwerfen, von einer Vorstellung der Notwendigkeit einer permanenten Veränderung mit ergebnisoffenem Ausgang geprägt sind. Im Gegensatz zu einer durchweg optimistischen Betrachtung der Moderne als positiv besetztem Begriff, rücken die inneren Widersprüche von Modernisierungsprozessen immer mehr in den Blick.

Die Französische Revolution markiert demnach den Anfang hin zur Entwicklung moderner Demokratien mit dem Prinzip der Volkssouveränität. Insofern beziehen sich viele Gesellschaften, die dem demokratischen Modell folgen, auf die Tradition der Französischen Revolution und der Menschenrechtserklärung, auch wenn in der Revolution selbst diese Ziele zum Teil nicht erreicht wurden. Allerdings sind gerade in der Geschichte der Französischen Revolution die Themen der Moderne enthalten, die weiterhin fundamentale Fragen moderner Gesellschaften darstellen, bei denen ein Gegenwartsbezug explizit wie implizit gegeben ist:

- Die Fragen von *Freiheit und Recht* als Grundlage menschlicher Existenz und gesellschaftlicher Ordnung.
- *Die Begründung von Herrschaftslegitimation aufgrund* des Prinzips der Volkssouveränität, die Entwicklung und Notwendigkeit einer demokratischen Kultur.
- Die Entstehung einer säkularen Religion, des Nationalismus als prägend für das 19., 20. Jahrhundert, unvermindert wirksam im 21. Jahrhundert.

Im Hinblick auf diese Fragen wird deutlich, wo die Stundentypen eine inhaltliche Funktion in der Betrachtung erfüllen können:

- *Problemorientierte Stunden* Perspektiven der Gegenwartsrelevanz des Modernisierungsprozesses stellen.
- *Ereignisorientierte Stunden* signifikante Ereignisse interpretieren (z. B. Die Revolutionen von 1789 und der Eintritt der Massen in die Politik).
- *Prozessorientierte Stunden* die ungeheure Dynamik im Ablauf der Revolution verdeutlichen.
- *Strukturorientierte Stunden* die gesellschaftlichen Ausgangsbedingungen, Veränderungen und Konstanzen beschreiben sowie die begrenzten Handlungsoptionen einzelner Akteure sichtbar machen.
- *Kontextualisierung* in Raum und Zeit können sowohl den Epochenkontext vertiefen als auch den Zusammenhang langer Zeitabläufe herstellen.
- *Vergleiche* können demgegenüber in größeren und kleineren Zusammenhängen den Blick dafür öffnen, dass es nicht nur einen Weg in die Moderne gibt, sondern Transformationsprozesse in sehr spezifischen historischen Situationen einsetzen.
- *Fallbeispiele* etwa durch die Betrachtung einzelner Personen die Schwäche modernisierungstheoretischer Betrach-

tung balancieren, indem sie die Erfahrungen, Erwartungen und das Ringen der Individuen in ihrer spezifischen historischen Situation berücksichtigen.

Dies macht deutlich, dass die Unterrichtseinheiten nicht einem einzelnen Stundenmuster folgen, sondern diese komplementär und mit unterschiedlichen Akzentuierungen nutzen.

Im Hinblick auf die Ausgestaltung der Unterrichtseinheit muss geklärt werden, in welchen Sektoren (Wirtschaft, Sozialstruktur, Kultur, Politik etc.) die Französische Revolution als zentraler Einschnitt gesehen wird. Während in Bezug auf wirtschaftliche Modernisierung ein relativ geringer Einfluss, eventuell sogar ein retardierendes Moment der Französischen Revolution gesehen wird, können Fragen der Veränderung der Gesellschaftsstruktur (Abschaffung der Ständegesellschaft), politische Modernisierung (Entwicklung einer ganzen Reihe von Politik- und Gesellschaftsmodellen) oder kulturelle Modernisierung (die Erfahrung neuer Formen von Öffentlichkeit und die Entwicklung neuer symbolischer Kommunikationsformen) durchaus unterschiedlich akzentuiert werden. Zudem verändern raumdimensionale Aspekte die Darstellung, ob ein intensiver Bezug zur Nationalgeschichte oder eine globale Weiterung zur Wirkung auf den Prozess der Dekolonisation in Lateinamerika gezogen wird.

4.3 Strukturgeschichtlich akzentuierte Themenfolge

Im Zentrum der Betrachtung stehen soziale Gruppen und Akteure sowie die Phasen der Revolution und ihre Ziele. Die soziale Verfasstheit der Französischen Gesellschaft, Gesellschafts- und Machtverhältnisse, die Differenzierung der Perspektiven der Akteure in der Revolution und die Frage nach Veränderungen bzw. Gewinnern und Verlierern im historischen Prozess. Leitfragen können sich bei dieser Unterrichtseinheit darauf beziehen, welche verschiedenen und wechselnden sozialen Trägergruppen in den unterschiedlichen Phasen der Revolution die Revolution vorantreiben (z. B. eine oder mehrere Revolutionen 1789?). Genauso relevant sind die Fragen nach dem Eintritt der Massen in die Politik und die nicht unerhebliche Frage nach der Geburt der Nation, die auch einen zentralen Einschnitt in der Auffassung des Krieges bildet (z. B. Warum greifen nun die Bürger zu den Waffen, werden Kriege nicht mehr durch bezahlte Söldner ausgetragen?), bis dann das Militär zum zentralen Macht- und Ordnungsfaktor mit der Herrschaft Napoleons wird. Die enormen unmittelbaren und mittelbaren Modernisierungseffekte in Europa am Beispiel Deutschlands sowie das Weiterwirken der revolutionären Ideen in der Folge als im historischen Prozess weiterhin und bis heute wirksam (z. B. Ist die Revolution wirklich beendet?).

1. Die Französische Revolution – Ein Bruch mit der Vergangenheit – der Beginn einer neuen Epoche?
2. *Eine Gesellschaft im Aufbruch, ein Staat in der Krise* – Frankreich vor der Französischen Revolution
3. Akteure und Aktionen in der ersten Phase der Revolution 1789-1791
4. Ein erster Versuch für eine neue Gesellschaft: Die Revolution der Freiheit
5. Die Erklärung der Menschenrechte – Zentrale Errungenschaft der Revolution
6. Ein zweiter Versuch für eine neue Gesellschaft: Die Revolution der Gleichheit (1792-94)
7. Krieg und Terror: Die Revolution ringt ums Überleben
8. „Zu den Waffen, Bürger!"- Ein neues Verständnis des Krieges
9. Das Militär wird zum entscheidenden Machtfaktor – Der General Napoleon wird zum Alleinherrscher
10. Mediatisierung und Säkularisation – Die Neuordnung Deutschlands in der napoleonischen Zeit
11. Die deutschen Staaten reagieren auf die Herausforderung der Französischen Revolution: Preußische und Rheinbündische Reformen
12. 1830 – 1848 – 1870/71 – Wann endet die Revolution?

4.4 Elementarisierende ereignisgeschichtliche Zentrierung

Die stärker prozessorientierte Betrachtung legt den Hauptakzent auf einzelne Prozesse und Verlaufsformen sowie zentrale Wendepunkte der Revolution. Sie steigt mitten im Revolutionsprozess ein, um dann Fragen nach den strukturellen Ursachen der Revolution zu stellen. Prozessorientierte Stunden, die vor allem die Wendepunkte des Revolutionsprozesses markieren, wechseln mit problemorientierten Fragestellungen. Dreh- und Angelpunkt sind die Wendepunkte der Revolution. Die Anschaulichkeit wird durch Zitate und Handlungsmomente in den Titeln gesteigert. Die Leitfragen, die dabei entstehen, können sich immer wieder auf die Handlungsalternativen beziehen (z. B. War die Krise des Ancien Regime wirklich unlösbar?), auf die Diskrepanzen zwischen Aktionen, Erwartungen und Zielen (z. B. Ist die neue Gesellschaft wirklich gleich?), die sich in den Konflikten der Akteure spiegeln und den revolutionären Prozess vorantreiben.

1. *„Nein Sire, es ist eine Revolution"* – Von der Einberufung der Generalstände bis zum Sturm auf die Bastille am 14.7.1789"
2. Die Ursachen der Französischen Revolution: Neue Ideen und Konflikte in Frankreich vor der Revolution
3. Liberté, Egalité, Fraternité" – Menschenrechte für alle?
4. Ein König flieht vor seinem Volk! Die dramatischen Ereignisse seit der Flucht nach Varennes.
5. „Lasst uns schrecklich sein, damit das Volk nicht schrecklich sein muss" – Rechtfertigung und Funktion des Terrors
6. La Fayette und Danton – Ein Vergleich der Akteure der ersten und der zweiten Phase der Revolution
7. Die Revolution verändert den Alltag der Menschen: Feste, Symbole und ein neuer Kalender
8. Was bedeutet die Revolution für die Kolonien? – Die Revolution in Haiti

4.5 Vergleich und Verflechtung

Verflechtungsaspekte der transatlantischen Bezüge der Französischen und Amerikanischen Revolution werden in mehreren Schritten vorbereitet, die mit der Betrachtung des Umgangs mit Revolutionen im nationalen Gedenken eine gegenwartsorientierte Vergleichsperspektive beginnt. Der Bezugsraum ist der transatlantische, der eine Wirkung von Amerika auf Europa und von dort auf Lateinamerika aufzeigt. Immer wieder richten sich Leitfragen auf Vergleiche und Verflechtungen, die bereits durch die erinnerungskulturelle Dimension der ersten Stunde angedeutet wird (z. B. Unsere Revolutionen – eure Revolutionen?). Die bereits in den sechziger Jahren des Zwanzigsten Jahrhunderts aufgestellte und neuerdings wieder belebte These einer transatlantischen Revolution/Revolutionsbewegung diskutiert eine sehr weitreichende Schlussfolgerung aus diesen Verflechtungsaspekten.

1. Revolutionen in der nationalen Erinnerungskultur: USA, Frankreich, Deutschland im Vergleich.
2. Wer bezahlt die Kosten des Krieges? Konflikte der amerikanischen Siedler mit dem Mutterland
3. Der Aufstand der Siedler wird zum Kampf für die Unabhängigkeit – Die Amerikanische Revolution
4. Alle Macht geht vom Volk aus, aber wie? Die neue demokratische Staatsordnung der USA
5. Der amerikanische Unabhängigkeitskrieg und andere Ursachen der Schuldenkrise Frankreichs
6. Die drei Revolutionen 1789
7. Die Erklärung der Menschen- und Bürgerrechte – Welchen Einfluss hat die Amerikanische auf die Französische Revolution?
8. „Helden zweier Welten“? Benjamin Franklin und der Marquis de La Fayette
9. Eine atlantische oder zwei getrennte Revolutionen? Die Amerikanische und die Französische Revolution im Vergleich
10. Die Revolution in Haiti und die Folgen – Die Wirkung der französischen Revolution in den Kolonien und Lateinamerika

4.6 Methodenzentrierte Betrachtung

Diese Einheit enthält eine Behandlung der Revolution, die insgesamt einer methodenorientierten Betrachtung folgt. Möglich ist dies etwa im Curriculum Saarland, das den Raum für eine methodenzentrierte Behandlung der Französischen Revolution bietet.

1. Die Interpretation von Gemälden als Ausdruck der politischen Ordnung – Das Porträt Ludwig XVI. als Bild eines absolutistischen Herrschers
2. Die Finanzen des Staates und das Verhältnis von Einkommen und Lebensmittelpreisen vor der Französischen Revolution – Eine Krisensituation anhand von Statistiken analysieren
3. Karikaturen als Mittel der politischen Auseinandersetzung interpretieren an Beispielen aus der Französischen Revolution
4. Ein Historiengemälde interpretieren am Beispiel des Ballhausschwurs von Jacques Louis David
5. Der Sturm auf die Bastille – Ein Ereignis aus dem Blickwinkel mehrerer Augenzeugen interpretieren
6. Die Zeitung: Ein Medium beflügelt die Revolution
7. Die Interpretation politischer Reden am Beispiel der Debatte um den Krieg in der Nationalversammlung
8. Kokarden, lange Hosen und rote Mützen – Sachquellen als Ausdruck politischer Gesinnung interpretieren
9. Die Interpretation politischer Lieder am Beispiel der Kriegserfahrung im Lied – „Die Marseillaise“ versus „König von Preußen“
10. Die Übersetzung einer Karte in eine Erzählung anhand Minards Darstellung des Russlandfeldzugs Napoleons 1813
11. Die Wirkung bestimmter Bilder als Ikonen der Geschichte verstehen – Die Traditionsbildung der Französischen Revolution anhand des Gemäldes Die Freiheit führt das Volk
12. Die Französische Revolution in der Geschichtskultur zwischen Traditionsbildung und Kommerz: „Les Miserables“ – Die Interpretation eines Musicals

Literatur

Adamski, Peter (2014): Historisches Lernen Diagnostizieren. Lernvoraussetzungen – Lernprozesse – Lernleistung, Schwalbach/Ts.

Barricelli, Michele (2012): Darstellungskonzepte von Geschichte im Unterricht, in: Barricelli, Michele/Lücke, Martin (Hrsg.): Handbuch Praxis des Geschichtsunterrichts, Schwalbach/Ts., S. 202-223.

Bergmann, Klaus (2002): Der Gegenwartsbezug im Geschichtsunterricht, Schwalbach/Ts.

Beilner, Helmut/Langer-Plän, Martina (2006): Zum Problem historischer Begriffsbildung, in: Günther-Arndt, Hilke/Sauer, Michael (Hrsg.): Geschichtsdidaktik empirisch. Untersuchungen zum historischen Denken und Lernen, Berlin.

Berger, Jutta Maria/Schmidtmann, Christian (20014): Fachreferendariat Sekundarstufe I und II. Referendariat Geschichte. Kompaktwissen für Berufseinstieg und Examensvorbereitung, Berlin.

Born, Nicky (2009): Unterrichtsplanung, in: Mayer, Ulrich/Pandel, Hans-Jürgen/Schönemann, Bernd (Hrsg.): Wörterbuch Geschichtsdidaktik. 2. überarb. u. erw. Auflage, Schwalbach/Ts., S. 191-192.

Borries, Bodo von (2012): Unterrichtsplanung – Artikulationsschemata – Lehrervorbereitung, in: Barricelli, Michele/Lücke, Martin (Hrsg.): Handbuch Praxis des Geschichtsunterrichts, Schwalbach/Ts., S. 181-201.

Borries, Bodo von (1992): Grundsätze zur Vorbereitung, Durchführung und Reflexion von Unterricht, in: Geschichte lernen 28, S. 18-19.

Martin Buck, Thomas (2012): Lebenswelt- und Gegenwartsbezug, in: Barricelli, Michele/Lücke, Martin (Hrsg.): Handbuch Praxis des Geschichtsunterrichts, Schwalbach/Ts., S. 289-301.

Buck, Thomas Martin/Brauch, Nicola (Hrsg.) (2011): Das Mittelalter zwischen Vorstellung und Wirklichkeit. Probleme, Perspektiven und Anstöße für die Unterrichtspraxis, Münster/New York/München/Berlin.

Mayer, Ulrich (1992): Keine Angst vor Unterrichtsrezepten, in: Geschichte lernen 28, S. 14-17.

Dehne, Brigitte (2000): Schülerfragen als konstitutives Element des Geschichtsunterrichtes, GWU

Dörr, Margarete (1995): Unterrichtsplanung/-vorbereitung/Unterrichtsentwurf, in: Niemetz, Gerold (Hrsg.): Lexikon für den Geschichtsunterricht. Definitionen, Fakten, Tendenzen, Stellenwert, Unterrichtspraxis. Mit Beiträgen zum Politikunterricht, Freiburg, Wü, in: Geschichte in Wissenschaft und Unterricht 46, S. 96-100.

Dörr, Margarete (1991): Unterrichtsplanung: Ziele, Inhalte, Methoden, Medien, in: Süssmuth, Hans (Hrsg.): Geschichtsunterricht im vereinten Deutschland. Auf der Suche nach Neuorientierung, 2. Teil, Baden-Baden, S. 38-66.

Georgi, Viola B. (2002): Entliehene Erinnerung. Geschichtsbilder junger Migranten in Deutschland, Hamburg.

Gies, Horst (2004): Geschichtsunterricht. Ein Handbuch zur Unterrichtsplanung, Köln (u.a.).

Gigl, Claus J. (2006): Geschichte lernen mit Methode. Stuttgart (u. a.).

Goetz, Hans-Werner (2006): Proseminar Geschichte Mittelalter, Stuttgart.

Günther-Arndt, Hilke (1997): Die Französische Revolution. Wirklichkeiten und Bilder, in: Geschichte lernen 60.

Günther-Arndt, Hilke (Hrsg.) (2003): Geschichts-Didaktik. Praxishandbuch für die Sekundarstufe I und II, Berlin.

Günther-Arndt, Hilke (2007): Geschichts-Methodik, Berlin.

Haven, Cynthia/Universität Stanford (2012): Enjoy Les Misérables. But please get the history straight. http://bookhaven.stanford.edu/2012/12/enjoy-les-miserables-but-please-get-your-history-straight-first/

Haupt, Heinz-Gerhard/Kocka, Jürgen (1996): Historischer Vergleich. Methoden, Aufgaben, Probleme, in: dies. (Hrsg.): Geschichte und Vergleich. Ansätze und Ergebnisse international vergleichender Geschichtsschreibung, Franfurt/M.

Heimann, Paul/Otto, Gunter/Schulz, Wolfgang (1972): Unterricht – Analyse und Planung, 6. Aufl., Hannover.

Jeismann, Ernst (1978): Didaktik der Geschichte. Das spezifische Bedingungsfeld des Geschichtsunterrichts, in: Behrmann, Günter C./Jeismann, Karl-Ernst/Süssmuth, Hans (Hrsg.): Geschichte und Politik. Didaktische Grundlegung eines kooperativen Unterrichts, Paderborn, S. 50-108.

Jeismann, Karl Ernst (1974): Funktion der Didaktik der Geschichte. Begründung und Beispiel eines Lehrplans für den Geschichtsunterricht, in: Rohlfes, Joachim/Jeismann, Karl Ernst (Hrsg.): Geschichtsunterricht. Inhalte und Ziele, GWU Beiheft, Stuttgart.

Jenisch, Achim (2004): Wie erklären Jugendliche historischen Wandel? Eine empirische Untersuchung zu Schülervorstellungen, in: Alavi, Bettina (Hrsg.): Migration und Fremdverstehen. Geschichtsunterricht und Geschichtskultur in der multiethnischen Gesellschaft, Idstein.

Kaelble, Hartmut (1999): Der historische Vergleich. Eine Einführung zum 19. und 20. Jahrhundert, Frankfurt/M.

Kaelble, Hartmut (2012): Historischer Vergleich. Version: 1.0, in: Docupedia-Zeitgeschichte, 14.8.2012, http://docupedia.de/zg/

Kiper, Hanna/Mischke, Wolfgang (2009): Unterrichtsplanung, Bachelor/Master, Weinheim.

Kohler, Ewald/Schuster, Jürgen (1988): Vom Absolutismus bis zur Gegenwart. Teil 2, 2. Aufl., Tafelbilder für den Geschichtsunterricht 2, Donauwörth.

Köster, Manuel/Thünemann, Holger/Zülsdorf-Kersting, Meik (Hrsg.) (2014): Researching History Education. International Perspectives and Disciplinary Traditions, Schwalbach/Ts.

Kretschmer, Horst (1998): Schulpraktikum. Eine Orientierungshilfe zum Lernen und Lehren, Berlin.

Kuhn, Annette (1997): Unterrichtsplanung, in: Bergmann, Klaus/Fröhlich, Klaus/Kuhn, Annette/Rüsen, Jörn/Schneider, Gerhard (Hrsg.): Handbuch der Geschichtsdidaktik. 5. Aufl., Seelze-Velber, S. 457-463.

Kuhn, Axel (1999): Die Französische Revolution, Stuttgart.

Kühberger, Christoph (2014): Leistungsfeststellung im Geschichtsunterricht. Diagnose – Bewertung – Beurteilung, Schwalbach/Ts.

Lachenicht, Susanne (2012): Die Französische Revolution, Geschichte Kompakt, Darmstadt.

Lehner, Martin (2012): Didaktische Reduktion, Bern.

Mathis, Christian (2015): „Irgendwie ist doch da mal jemand geköpft worden" – Didaktische Rekonstruktion der Französischen Revolution und der historischen Kategorie Wandel, Baltmannsweiler.

Meier, Christian (1978): Fragen und Thesen zu einer Theorie historischer Prozesse, in: Faber, Karl Georg/Meier, Christian (Hrsg.): Historische Prozesse, München, S. 11-66.

Menne, Dieter (1997): Themengewinnung im Geschichtsunterricht, in: Bergmann, Klaus/Fröhlich, Klaus/Kuhn, Annette/Rüsen, Jörn/Schneider, Gerhard (Hrsg.): Handbuch der Geschichtsdidaktik. 5. Aufl., Seelze-Velber, S. 463-470.

Meyer, Hilbert (2014): Leitfaden zur Unterrichtsvorbereitung. 7. Aufl. Frankfurt/M.

Meyer, Hilbert (1987): Unterrichts-Methoden. Theorieband 1, Berlin 1987.

Oswalt, Vadim (2009): Historisches Lernen zwischen Heterogenität und Standardisierung, in: Buschkühle, Carl-Peter/Duncker, Ludwig/Oswalt, Vadim (Hrsg.): Bildung zwischen Heterogenität und Standardisierung, Wiesbaden, S. 167-192.

Pandel, Hans-Jürgen (2013): Geschichtsdidaktik. Eine Theorie für die Praxis, Schwalbach/Ts.

Pandel, Hans-Jürgen (2006): Didaktische Darstellungsprinzipien. Ein alter Sachverhalt in neuem Licht, in: Bernhardt, Markus (Hrsg.): Bilder – Wahrnehmungen – Konstruktionen. Reflexionen über Geschichte und historisches Lernen. Festschrift für Ulrich Mayer zum 65. Geburtstag, Schwalbach/Ts., S. 152-186.

Peters, Jelko (2014): Geschichtsstunden planen, Siegen.

Peterßen, Wilhelm H. (1992): Handbuch Unterrichtsplanung. Grundfragen, Modelle, Stufen, Dimensionen, 5., überarb. und aktualisierte Aufl., München/Linz.

Riemenschneider, Reiner (Hrsg.) (1994): Bilder einer Revolution. Die Französische Revolution in den Geschichtsschulbüchern der Welt, Frankfurt/M./Paris.

Reichardt, Rolf E. (Hrsg.) (1998): Das Blut der Freiheit. Französische Revolution und demokratische Kultur, Frankfurt/M.

Rohlfes, Joachim (1978): Geschichtsunterricht. Entwurf eines Curriculums für die Sekundarstufe I, (GWU Beiheft), Stuttgart.

Rohlfes, Joachim/Jeismann, Karl Ernst (Hrsg.) (1974): Geschichtsunterricht. Inhalte und Ziele, (GWU Beiheft), Stuttgart.

Rohlfes, Joachim (1999): Die Französische Revolution, in: Geschichte in Wissenschaft und Unterricht 50.

Sauer, Michael (2012): Geschichte unterrichten. Eine Einführung in die Didaktik und Methodik, 10. akt. Aufl., Seelze-Velber.

Schönemann, Bernd (1998): Geschichtsbewusstsein methodisch. Bedingungs- und Entscheidungsfelder historischen Lernens heute, in: Schönemann, Bernd/Uffelmann, Uwe/Voit, Hartmut (Hrsg.): Geschichtsbewusstsein und Methoden historischen Lernens. Bernd Mütter zum 60. Geburtstag. Weinheim, S. 39-65.

Schönemann, Bernd/Thünemann, Holger/Zülsdorf-Kersting, Meik (2010): Was können Abiturienten? Zugleich ein Beitrag zur Debatte über Kompetenzen und Standards im Fach Geschichte, Geschichtskultur und historisches Lernen 4, Münster.

Schulz, Wolfgang (1985): Wozu rät die Ratgeber-Literatur? Gegenkritische Bemerkungen zum Anspruch didaktischer Rezeptologien, in: Pädagogische Rundschau 39, 1, S. 43-60.

Schörken, Rolf (1977): Der lange Weg zum Geschichtscurriculum. Curriculumverfahren unter der Lupe, in: Geschichtsdidaktik 2, S. 254-270 und 335-353.

Süssmuth, Hans (1972): Lernziele und Curriculumelemente eines Geschichtsunterrichts nach strukturierendem Verfahren, in: Bundeszentrale für politische Bildung (Hrsg.): Lernziele und Stoffauswahl im politischen Unterricht. Unter Mitarbeit von Dieter Schmidt-Sinns. Bonn, S. 37-83.

Süssmuth, Hans (Hrsg.) (1979): Historisch-politischer Unterricht. Band 1: Planung und Organisation. 2 Bände. Stuttgart.

Staatsinstitut für Schulpädagogik München (Hrsg.) (1979), Unterrichtsplanung durch Lernziele, Donauwörth.

Stöckle, Friederike (2011): „Die armen kleinen Bäuerlein ...“. Schülervorstellungen zu mittelalterlichen Herrschaftsformen. Ein Beitrag zur didaktischen Rekonstruktion, Oldenburg.

Werner, Michael/Zimmermann, Bénédicte (2002): Vergleich, Transfer, Verflechtung. Der Ansatz der Histoire croisée und die Herausforderung des Transnationalen, in: Geschichte und Gesellschaft 28, S. 607-636.

Zülsdorf-Kersting, Meik (2007): Sechzig Jahre danach: Jugendliche und Holocaust. Eine Studie zur geschichtskulturellen Sozialisation, Geschichtskultur und historisches Lernen Bd. 2, Berlin/Münster.

Zwölfer, Norbert (2003): Die Vorbereitung einer Geschichtsstunde, in: Günther-Arndt, Hilke (Hrsg.): Geschichtsdidaktik. Praxishandbuch für die Sekundarstufe I und II, Berlin, S. 197-199.

... ein Begriff für politische Bildung

Unterrichts-praxis

Christoph Kühberger

Leistungsfeststellung im Geschichtsunterricht

Diagnose – Bewertung – Beurteilung

Leistungsfeststellung gehört auch im Geschichtsunterricht zu einem zentralen Bereich des schulischen Alltags. Im vorliegenden Band wird ein Ansatz vorgestellt, der neben der Leistungsbewertung und Leistungsbeurteilung auch die Leistungsdiagnose berücksichtigt. Ziel ist es, mittels unterschiedlicher Erhebungsarten einen Einblick zu erlangen, um die fachspezifischen Lernprozesse der Schüler/innen adäquat begleiten, um an ihre Potentiale anschließen und um Leistungsniveaus feststellen zu können.

Anhand konkreter Beispiele für mündliche und schriftliche Formate zur Leistungsfeststellung werden Hinweise für die Ausgestaltung von punktuellen und prozessorientierten Tools für den Geschichtsunterricht gegeben.

978-3-7344-0028-5,
80 S., € 12,80

Der Autor

Prof. Dr. habil. Christoph Kühberger, geboren 1975, ist Professor für Geschichts- und Politikdidaktik an der Pädagogischen Hochschule Salzburg und Privatdozent für Neuere und Neueste Geschichte und ihre Didaktik am Institut für Geschichte der Universität Hildesheim.

www.wochenschau-verlag.de 

 @wochenschau-ver

A.-Damaschke-Str. 10, 65 824 Schwalbach/Ts., Tel.: 06196/86065, Fax: 06196/86060, info@wochenschau-verlag.de